Generis
PUBLISHING

Estudio acerca de las pruebas de evaluación de E/LE en el contexto educativo gabonés

Stéphanie Messakimove Ep. Steiner

Copyright © 2022 Stéphanie Messakimove Ep. Steiner
Copyright © 2022 Generis Publishing

All rights reserved. This book or any portion thereof may not be reproduced or used in any manner whatsoever without the written permission of the publisher except for the use of brief quotations in a book review.

Title: Estudio acerca de las pruebas de evaluación de E/LE en el contexto educativo gabonés

ISBN: 979-8-88676-370-6

Author: Stéphanie Messakimove Ep. Steiner

Cover image: https://unsplash.com/

Publisher: Generis Publishing
Online orders: www.generis-publishing.com
Contact email: info@generis-publishing.com

Stéphanie Messakimove Ep. Steiner

Estudio acerca de las pruebas de evaluación de E/LE en el contexto educativo gabonés[1]

---

[1] La presente obra es la versión retomada y ampliada del artículo "Estudio acerca de las pruebas de evaluación en el contexto gabonés" publicado en 2021 en *South Florida Journal of Development* (v.2, n.4), pp. 6053-6071. ISSN 2675-5459.

RESUMEN

Los motivos que nos han llevado a conocer las convergencias y divergencias de los criterios de evaluación manifiestos en unas pruebas y otras son tres: (1) la ausencia de estudios sobre el desempeño de los alumnos en la prueba escrita de español (PEE) en el Bachillerato; (2) la percepción de que existen diferencias sustanciales en el entrenamiento en función del perfil y las prácticas de cada instituto educativo; y (3) las carencias formativas de los profesores en cuestiones de evaluación. Con esta investigación, pretendíamos contribuir a enriquecer la reflexión y forma de mejorar tanto el desempeño de los alumnos en las pruebas de Bachillerato como la práctica de E/LE en Gabón. Para concretar mejor esta pretensión genérica, formulamos dos objetivos generales que permitieron la delimitación de la investigación. En el primer objetivo, se pretendía analizar la PEE que es utilizada para medir los resultados alcanzados por los alumnos al final de los estudios secundarios; además, es utilizada por los docentes para conocer qué aspectos de la lengua domina el alumno y cuáles no. Con el segundo objetivo, necesitamos determinar si las pruebas diseñadas y aplicadas en 4 centros escolares para medir el desempeño de los alumnos se ajustan a la normativa que la regula.

Palabras clave: Evaluación, examen escrito, universidad, educación comparada.

TABLA DE CONTENIDOS

RESUMEN 7
1. INTRODUCCIÓN 9
2. METODOLOGÍA 13
   2.1. MÉTODO UTILIZADO Y PERTINENCIA 13
   2.2. DELIMITACIÓN DE LA INVESTIGACIÓN 14
      2.2.1. Delimitación del objeto 14
      2.2.2. Delimitación del método 16
   2.3. ESTUDIO DESCRIPTIVO 17
   2.4. ESTUDIO COMPARATIVO 18
3. RESULTADOS DE LA INVESTIGACIÓN 19
   3.1. SOBRE LA COMPRENSIÓN DEL TEXTO 20
   3.2. SOBRE LA EXPRESIÓN PERSONAL 22
   3.3. SOBRE LA COMPETENCIA LINGÜÍSTICA 23
   3.4. SOBRE LA PUNTUACIÓN Y PONDERACIÓN 25
4. DISCUSIÓN 28
5. CONCLUSIONES FINALES 30
   5.1. LAS PRUEBAS DE E/LE 32
   5.2. LA PREPARACIÓN DE LOS ALUMNOS 38
   5.3. LA FORMACIÓN DEL PROFESORADO 41
REFERENCIAS 32
ANEXOS 54

1. INTRODUCCIÓN

La idea de esta investigación sobre el desempeño de los alumnos en la prueba escrita de español (PEE) tiene su origen en nuestra experiencia como profesora y examinadora en el examen de Bachillerato[2]. Durante este periodo, hemos podido observado que los resultados alcanzados por los alumnos difieren ampliamente en función de la titularidad de los centros (*cf. Rapports de la Direction* Générale *du Baccalauréat*, 2009-2013). La nota de información N°002 del 24/09/2011 establece que la PEE tiene que adecuarse a las orientaciones oficiales por tener carácter común y obligatorio en todo el país. Como evaluación final, la PEE valora el rendimiento de los alumnos al final del proceso de aprendizaje: "lo que han aprendido", "lo que saben" o "lo que pueden hacer" (Bordón 2006:19). Hoy en día, la evaluación recibe una mayor dedicación en las investigaciones en didáctica de las lenguas dejando de ocupar el segundo plano como en otros tiempos (Pastor Cesteros, 2004).

Sin embargo, ¿en todos los institutos se aplica la normativa que regula la PEE? ¿Están los alumnos entrenados a lo mismo?

En el ámbito de la adquisición de segundas lenguas (ASL), el tema de la evaluación ha sido abordado desde varias perspectivas generando una abundante literatura (Bordón, 2015; Sanmartí Puig, 2020; Pastor Cesteros, 2003, entre varios). En didáctica de las lenguas, la noción de evaluación varía según el método o enfoque elegido, puesto que las prácticas de evaluación tienen que ser inseparables de las prácticas pedagógicas. Cuando se toma una opción de metodología didáctica, se está tomando, aunque sea implícitamente, una decisión de evaluación.

Como refieren Suso López y Fernández Fraile (2001:457):

> La evaluación se ha convertido en los últimos tiempos en una de las mayores preocupaciones de la enseñanza en general, y de la didáctica de las lenguas extranjeras, en particular. Relegado en segundo plano en otros tiempos, hoy en día, el discurso sobre la evaluación constituye un elemento de reflexión imprescindible de todo diseño curricular. No podemos enseñar a los alumnos sin evaluar qué aprendizajes han alcanzado, de modo que podamos establecer los siguientes pasos de la tarea prevista. Medir, evaluar y decidir es por ello la culminación de la tarea docente.

---

[2] En este trabajo, utilizaremos la palabra Bachillerato (con mayúscula) para referirse al diploma del *Baccalauréat* gabonés y, bachillerato (con minúscula) para señalar el nivel escolar que finaliza los estudios de la enseñanza secundaria (2° curso de bachillerato) y que corresponde al nivel *Terminale* del sistema educativo gabonés

Es preciso tener en cuenta que nosotros los profesores no podemos enseñar a los alumnos sin evaluar qué aprendizajes han alcanzado para poder tomar decisiones sobre el proceso futuro. Desde esta perspectiva, se considera la evaluación como una operación indisociable de todo proceso de E/A (Andrión Herrero, González Sánchez y Valdehita, 2020; Martín Perís, 2008; Pastor Cesteros, 2003).

En el campo educativo, la evaluación permite descubrir que los objetivos planteados se han cumplido o no, lo que servirá para retomar aquello que no fue asimilado por los alumnos, reforzar los éxitos obtenidos y no incurrir en los mismos errores en el futuro, así poder introducir el cambio de estrategias pedagógicas para enmendar lo insuficiente. Desde una visión abarcadora del concepto de evaluación podemos entender que se trata de una operación indisociable de todo proceso de enseñanza/aprendizaje, al margen de su materialización o no en según qué tipo de pruebas (Pastor Cesteros, 2003; Marín Perís, 2008).

En coincidencia con Bordón (2004:5), la perspectiva cronológica de la evaluación "permite observar cómo se ha ido complicando y enriqueciendo el campo de la evaluación de la lengua con la aparición de nuevas áreas de interés, la profundización en las ya existentes, así como con la utilización de las nuevas tecnologías".

El tema de los resultados de los alumnos en la PEE en el Bachillerato es un punto problemático para las autoridades educativas y formadores de formadores. Las últimas reformas curriculares para la mejora de la calidad de la educación en su conjunto (2002, 2005, 2011, 2013, 2014) y las del *Baccalauréat*[3] (2011, 2013, 2014) no han dado los resultados esperados. Se sigue registrando resultados poco satisfechos en las pruebas escritas oficiales. Una situación que genera varias interrogantes tanto sobre el proceso de entrenamiento de los alumnos como lo que se mide en las diferentes pruebas de evaluación y su fiabilidad.

Algunas investigaciones (Caro Muñoz, 2017; Eyeang, 2011; Mbadinga Mbadinga, 2014; Messakimove, 2009) han señalado la complejidad del contexto gabonés de E/A de E/LE que influye tanto en las prácticas docentes como en los resultados alcanzados por los alumnos. De manera general todos apuntan una multitud de factores contextuales que inciden en el complejo fenómeno de aprender E/LE: presencia de la didáctica francesa, falta de infraestructuras, materiales didácticos insuficientes y/o inadecuados, insuficiente formación de los profesores, el no respeto

---

[3] En el sistema educativo gabonés el *Baccalauréat* es el conjunto de exámenes que sirven para obtener el título de Bachillerato al final de la enseñanza secundaria y que son condición indispensable para acceder a la universidad. Son dos grupos de pruebas (10 u 11 asignaturas) organizadas sucesivamente.

de las orientaciones oficiales, la cuestión de lenguas en contacto y de la evaluación, entre muchos.

En cuanto a la evaluación del aprendizaje de español propiamente dicho, solo los estudios de Avome Mba (2007) y Obolo Omanda (2010) centran su problemática sobre la prueba escrita de español en el Bachillerato. La investigación de Avome Mba (2007:27) enfatiza en que la tipología de actividades desarrolladas en las aulas no obedece a las orientaciones oficiales y, como consecuencia, la falta de congruencia entre la programación, la puesta en práctica y la evaluación. En otras palabras, no existe una relación estrecha entre lo que los profesores programan, enseñan y evalúan. De donde la necesidad de una alternativa o redefinir las modalidades de evaluación o rehacer los objetivos pedagógicos. Y como propuestas que se han de llevar a cabo, Avome Mba (op.cit.:29) enfatiza:

> Para que los alumnos realicen con mucha eficacia la prueba escrita del español, es necesario introducir desde la clase de seconde, apartados como:
>
> – La ortografía, para dar herramienta o reglas de escritura de las palabras;
> – El vocabulario, para que no se limiten ellos a la mera explicación de palabras difíciles, sino que se les dé la posibilidad de aprender sinónimos, antónimos, parónimos, etc. Eso ayudará o facilitará la realización del ejercicio de sustitución en la prueba escrita de español del Bachillerato.

Obolo Omanda (2010:2), por su parte, pinta un cuadro de la situación de los resultados de Bachillerato muy preocupante:

> En 2007, les provinces de l'Estuaire, du Haut-Ogooué et du Woleu-Ntem ont enregistré 7483 candidats en espagnol (LV1) pour un taux de réussite de 18,96%. En 2008, 8704 sont inscrits dans ces trois provinces pour un taux de 17,56%. Enfin, l'année 2009 enregistre 9233 candidats pour un taux de 34,93%. A côté de ces faibles résultats, la proportion d'échec, est d'autant plus élevée qu'elle devrait interpeler l'Inspecteur Pédagogique. En effet, il est si alarmant qu'il devrait réagir: en 2007, il est de 81,04%; en 2008, il se situe à 82,44% et en 2009, il connait une baisse et se stabilise à 65,70%.

Este autor enfocó su estudio hacia la mejora de la prueba escrita, es decir buscó responder a la pregunta ¿cómo mejorar la prueba escrita de español para que sea interesante y darle sentido a los ojos de los candidatos? Para este autor, el problema mayor está en la longitud de la prueba y en el proceso de preparación de los alumnos que considera inadecuado al espíritu del examen escrito final. La contribución de este estudio fue proponer una nueva configuración de la PEE coincidiendo con la reforma de la PEE en el Bachillerato de 2011 (nota N° 002/2011).

Pese a estos estudios, no hemos encontrado investigaciones que tengan como objetivo determinar si el diseño e implementación de las pruebas de entrenamiento se ajustan a la normativa que regula la PEE. El presupuesto de partida de esta investigación es que existen diferencias en la preparación de los alumnos en función del perfil y de las prácticas del centro, dejando así a algunos en situación de desventaja. Así, desde una perspectiva comparativa, este estudio resulta una vía aún no explorada que puede contribuir a enriquecer la reflexión y forma de mejorar tanto el desempeño de los alumnos en las pruebas de Bachillerato como la práctica de la lengua española en Gabón.

2. METODOLOGÍA

2.1. MÉTODO UTILIZADO Y PERTINENCIA

Como este estudio sobre el desempeño de los alumnos en la PEE en el Bachillerato se enmarca en la investigación educativa se entiende que éste persigue comprender, conocer y explicar la realidad educativa, como base para construir la ciencia y desarrollar el conocimiento científico de la educación (Bisquerra, 2009:37). En este sentido, esta investigación de carácter comparado, no experimental se engloba en un marco metodológico cualitativo y descriptivo. Como señalan comparatistas eminentes, la utilización del método comparativo requiere, al igual que cualquier otro método de análisis empírico, una serie de decisiones previas referidas al diseño de investigación. Conviene, entonces, en esta primera parte de la metodología definir y explicar la metodología comparativa aplicada a la educación.

Según el diccionario de la Real Academia Española (2014), *comparar* consiste en "fijar la atención en dos o más objetos para descubrir sus relaciones o estimar sus diferencias". En este sentido, comparar supone establecer una relación entre dos o más cosas. Comparar refiere también a la acción de examinar o analizar dos o más objetos para luego poder establecer las diferencias y las semejanzas que mantienen entre sí. Lo que implica tener una comprensión y un conocimiento de la realidad objeto de comparación. Caballero, Manso, Matarraz, y Valle (2016:40) definen la comparación como "el estudio o la observación de dos o más objetos, fenómenos o acontecimientos para descubrir sus relaciones o estimar sus semejanzas y sus diferencias". En la vida diaria usamos constantemente la comparación para resolver problemas de todo tipo en diversos contextos.

La elección de la metodología comparada para este estudio se considera necesaria para poder establecer la relación entre las diferentes pruebas de entrenamiento diseñadas y aplicadas en cuatro institutos, así como para relacionarlas con la normativa que regula la PEE. Desde este propósito, este estudio cumpliría con las propiedades básicas de la comparación reseñadas en García Garrido (1996:131-133):

a) Carácter fenomenológico, puesto que el objeto de la investigación tiene una naturaleza que ha permitido que se le pudiera observar a través de documentos. Y como indica García Garrido (1996:131), "en principio, toda comparación se ejerce sobre hechos o aspectos observados u observables".

b) Pluralidad, puesto que el acercamiento al objeto de estudio ha sido a través de cuatro unidades de análisis: 4 centros representativos del sistema educativo. Como advierte García Garrido (1996:132), "para que exista comparación, hace falta que existan al menos dos hechos o fenómenos".

c) Homogeneidad, puesto que se ha estudiado el mismo nivel educativo (bachillerato), con los mismos instrumentos. En palabras de García Garrido (1996:132), "para que exista *comparabilidad*, que es lo mismo que decir posibilidad de comparación, es preciso que haya homogeneidad entre los fenómenos que se comparan. Homogeneidad es tanto como decir semejanza en sus rasgos constitutivos, en sus principios esenciales".

d) Globalidad, puesto que todos tienen elementos en común, entre otros: la preparación de los alumnos y su participación en el examen de bachillerato. Desde esta perspectiva, García Garrido (1996:133) considera que "la globalidad vendría exigida incluso, como vemos, si el objeto de comparación fuera un solo fenómeno (un solo sistema educativo, un solo aspecto del mismo, etc.".

La Educación Comparada (EC) es una ciencia, con objeto propio y metodología propia pero que necesita el aporte de un vasto conjunto de disciplinas (García Garrido, 1996:138-139). Es también considerada como herramienta de apoyo para mejorar los sistemas educativos, comprenderlos y proponer reformas que permitan eliminar los problemas que los caracterizan. Como ciencia, la EC ha asistido a un considerable número de innovaciones metodológicas, generando discusiones y desacuerdos perceptibles en la existencia de "varios enfoques metodológicos, cada uno de ellos con una variada secuela de recursos propios" (García Garrido, 1996:113).

2.2. DELIMITACIÓN DE LA INVESTIGACIÓN

2.2.1. Delimitación del objeto

Cuando se usa el método comparativo de investigación conviene en sus inicios, además de definir el método concreto utilizado, delimitar el objeto del estudio. En palabras de García Garrido (1996:153), se debe delimitar la "realidad o parcela de la realidad educativa que va a someterse a estudio". Tomando en cuenta la configuración del objeto de estudio, la PEE, la realidad es triple:

a) La referida a la estructura general de la PEE;
b) La referida a los bloques de contenidos;
c) La referida a la puntuación y ponderación

Así que, los cuatro centros que constituyen las unidades de análisis son:

1. Liceo Nacional Léon Mba (LNLM): instituto público, uno de los pioneros del sistema educativo.
2. Liceo Paul Indjendjet Gondjout (LPIG): uno de los numerosos institutos públicos de Gabón con una capacidad de ingreso enorme.
3. Liceo Paul Emane Eyegué (LPEE): otro de los institutos públicos con mayor alumnado.
4. Institución Inmaculada Concepción (IIC): instituto católico de renombre.

La justificación de la selección de estos institutos desde la metodología comparada se fundamentó en que todos:

- Tienen una larga tradición educativa y una experiencia en la preparación de los alumnos para las pruebas de Bachillerato;
- Poseen las trayectorias A1, A2 y B cuyos alumnos se examinan en E/LE;
- Constituyen el grupo de los centros que obtienen más admitidos en las pruebas de Bachillerato en todo el país;
- Tienen a profesores formados en la Escuela Normal Superior y participan activamente en los seminarios y talleres organizados por los organismos educativos.

Consideramos que los cuatro institutos (LNLM, LPIG, LPEE, IIC) forman una muestra bastante representativa del conjunto de los centros del país, puesto que todas las pruebas de Bachillerato son concebidas y elaboradas en Libreville, la capital. Además, algunos de los profesores de estos centros elaboran pruebas que son almacenadas en los bancos de datos de la "Direction du Baccalauréat". La mayoría de los centros del país utilizan las pruebas de entrenamientos de los centros de referencia para preparar a sus alumnos. Cabe añadir que la muestra seleccionada constituye el núcleo de los institutos con los que colaboran las autoridades para llevar a cabo sus actividades de información, formación y control. Pero señalamos una forma de marginalización de los demás centros, y sobre todo los que se sitúan en el interior del país cuyo acceso y estructuras hacen difícil el día a día de los docentes y del personal administrativo.

2.2.2. Delimitación del método

En las fases de la investigación comparada, es una obligación desde el principio "establecer de antemano los recursos metodológicos con los que podrá o deberá contarse" (García Garrido, 1996:154). En lo que se refiere a la delimitación del método comparativo utilizado, se consideraron dos técnicas. Para atender al primer objeto de estudio, la estructura de la PEE, se revisó la normativa que establece los estudios de Bachillerato y que regula la prueba escrita. Para este previo paso, se utilizaron las publicaciones oficiales sobre leyes que rigen la Educación y la Enseñanza en la República de Gabón por una parte; y por otra, la normativa que establece la Evaluación del Baccalauréat y que organiza la estructura del examen.

Por otro lado, para responder al segundo y tercer objetos de estudio, se utilizaron documentos recogidos en cada instituto. Estos documentos, esencialmente, se componen de pruebas de entrenamiento y otra categoría de evaluaciones diseñadas y aplicadas en cada centro. Como toda institución, los centros de enseñanza generan información periódicamente que van almacenando en sus bancos de datos. Y con el tiempo, esta información se convierte en valiosa para el trabajo metodológico ya que se constituye en datos interesantes sobre los cuales empezamos a depurar la información necesaria.

En el marco de esta investigación, el acceso a los documentos que sirven para preparar a los alumnos de bachillerato ha sido muy relevante. El desarrollo de las pruebas de entrenamiento constituye una fase importante del desempeño de los alumnos de bachillerato. Su organización y preparación parece mucho al examen final: los alumnos están siendo evaluados en todas las materias del currículo en función de las diferentes especialidades. También, los profesores de instituto suelen diseñar e implementar diferentes evaluaciones para valorar el nivel de adquisición de competencia lingüística de sus alumnos de bachillerato, con el objetivo de ir preparándoles para el examen escrito de Bachillerato.

Las evaluaciones que más se practican en el aula gabonés de E/LE son: evaluación diagnóstica, de aprovechamiento y sumativa. La evaluación formativa ocupa poco lugar porque el currículo prescriptivo obliga a los docentes a medir sistemáticament el grado de asimilación de los objetivos específicos por sus alumnos (la programación). Por eso, los docentes "están más preocupados por medir la retroalimentación a los alumnos que valorar lo que saben hacer con la lengua" (Ambomo, 2019:153).

2.3. ESTUDIO DESCRIPTIVO

Como se ha anunciado, la fase analítica de este estudio se llevó a cabo mediante la realización de diferentes tareas. En primer lugar, se recopilaron los datos relacionados con la normativa que regula los estudios de bachillerato y que establece la estructura de la prueba escrita de español. La tarea de recopilar datos en la investigación comparativa constituye un paso que se ha de programar cuidadosamente (García Garrido, 1996:144). En la investigación comparativa, las fuentes se han clasificado en "primarias, secundarias y auxiliares" (Bereday, 1968). Como señala Caballero Cortés (1997:139), "el acceso a estas fuentes supone una oferta metodológica de incalculable valor, que le facilita la puesta al día de los avances, en este caso en el campo de las Ciencias de la Educación".

Para la obtención de datos, se acudió a las publicaciones del estado. A través de sus diversas instituciones, el estado gabonés realiza análisis de sus sectores de forma que permiten al investigador científico utilizar estos datos en beneficio de futuras investigaciones. Por ser el estado, las fuentes adquieren carácter oficial y de seriedad. García Garrido (1996:183) incluye en esta categoría de documentos "todos aquéllos elaborados y publicados (aunque sea en ediciones restringidas) por las autoridades gubernativas y referentes, como es obvio, al propio sistema educativo o a alguno de sus aspectos".

Además, la colaboración con algunos profesores de instituto y un consejero pedagógico facilitó el acceso a varios textos oficiales que fundamentan la E/A de E/LE en el sistema educativo de Gabón. También durante el curso 2014-2015, se solicitó y se obtuvo de la "Direction du Baccalauréat" el acceso a las producciones escritas de los alumnos de español en la prueba de acceso a la universidad de la convocatoria de julio 2013. También, pudimos recolectar las estadísticas de los resultados obtenidos por los alumnos en la PEE de las trayectorias A1, A2 y B en el Bachillerato de cuatro convocatorias: de 2010 a 2013.

Luego, se revisó la normativa que establece la estructura de la prueba escrita de español. La PEE está concebida para evaluar destrezas básicas, tales como la comprensión de textos; la capacidad de análisis, relación y síntesis; la expresión de ideas; la valoración crítica y la demostración de conocimientos sobre contenidos relacionados con la lengua y la cultura general. La PEE se estructura en tres (3) bloques de contenidos: I. *Comprensión del texto*, II. *Expresión personal*, III. *Competencia lingüística*, y exige de los candidatos una fuerte movilización de su saber y saber hacer.

De forma paralela, se analizaron cuatro (4) pruebas de entrenamiento que corresponden al curso académico 2012-2013, en función de la estructura, bloques de contenidos, puntuación otorgada y ponderación. Anualmente, cada instituto organiza pruebas de entrenamiento en todas las materias del currículo para preparar a sus alumnos al examen de Bachillerato. Estas pruebas se suelen llamar "bachillerato de prueba". Los profesores de cada departamento diseñan pruebas que se aplican en su instituto y suelen intercambiarse entre centros constituyendo así una forma de compartir prácticas educativas. Una vez realizadas estas acciones previas, con los materiales recogidos se pasó al análisis formal, material y explicativo de éstos.

2.4. ESTUDIO COMPARATIVO

García Garrido (1996:159) señala que "la tarea más propia de esta fase no es precisamente analítica, sino sintética; no es descomponedora de un todo en sus partes, sino componedora de las partes en un todo comparativo armónico". La fase sintética se compone de dos partes que coinciden: la primera, con la yuxtaposición y comparación, en la que se confrontan los datos y se comparan; y con las conclusiones comparativas, la segunda. Para la selección de datos y de conclusiones analíticas, se diseñó una pauta con unidades de comparación. Con el material seleccionado en el paso precedente, mediante tablas se llegó a yuxtaponer la información en relación a la estructura, bloques de contenidos, puntuación y ponderación. Este paso de yuxtaposición de datos permitió ver si las características de las pruebas que se comparan se corresponden totalmente, en parte o no se corresponden. Una vez realizado este paso, ya se pudieron emitir las conclusiones comparativas.

3. RESULTADOS

El análisis de las pruebas de entrenamiento diseñadas y aplicadas en 4 institutos, reveló que todos evalúan tres bloques de contenidos. Entre un número de materiales didácticos utilizados los textos literarios, periodísticos, publicitarios etc., ya forman parte de los materiales didácticos de uso frecuente en las aulas de lenguas. Los cuatro textos presentados son de diferente tipología: narrativo, descriptivo, expositivo, argumentativo. El número de líneas de cada texto tampoco se corresponde: varía entre 27 y 40 líneas. La duración de la prueba es de 3 horas para todas las pruebas.

Tabla 3.1. Yuxtaposición de datos de los textos presentados por los 4 centros educativos del estudio

Características de las pruebas presentadas				
CENTROS	LNLM	LPIG	LPEE	IIC
Tipología textual	Narrativo (novela)	Descriptivo (reportaje)	Expositivo (artículo divulgativo)	Argumentativo (discurso)
Fuente y fecha de publicación	*Un peso en el mundo* (1999)	*ABC* 25/03/2013	*¡Despertad!* 12/2012, pp. 3-7	No hay fuente[4] 03/08/2009
Título	Me tocaba llegar lejos	El Papa Francisco convoca a los Jóvenes en la JMJ de Río de Janeiro	La impaciencia	El 30 Aniversario del Golpe de la Libertad en Guinea Ecuatorial
Tipo de material	Auténtico	Manipulado: desde el título hasta el orden de los párrafos (supresión de algunos)	Manipulado: desde el título hasta el orden de los párrafos (supresión de algunos)	Manipulado: desde el título hasta el orden de los párrafos (supresión de algunos)
Número de líneas	27	40	35	36
Palabras explicadas	5	12	8	6
Duración	3h	3h	3h	3h

---

[4] La versión completa del discurso del Presidente Obiang Nguema de 03/08/2009 fue publicado en la página web institucional de Guinea Ecuatorial (https://www.guineaecuatorialpress.com/noticia.php?id=93)del)

Al observar los datos de los textos presentados por los 4 institutos, se nota un fuerte predominio de textos periodísticos (3) en detrimento de los literarios (1). La yuxtaposición de esta categoría de elementos revela diferencias sustanciales entre las pruebas presentadas. Al nivel del número de líneas, se nota que el texto presentado por el LNLM (27 líneas) no está en adecuación con la normativa que sugiere entre 35 y 40 líneas. En cuanto al número de palabras explicadas, sólo un instituto, LPIG, coincide con la norma (12 palabras). Los tres otros, LNLM (5 palabras), IIC (6 palabras) y LPEE (8 palabras), no aplican la normativa. Como puede apreciarse en la tabla, los textos en su mayoría han sido manipulados por los equipos docentes de tres centros: LPIG, LPEE e IIC. La manipulación va de la sustitución de título a la supresión de varios párrafos para crear un nuevo texto.

3.1. SOBRE LA COMPRENSIÓN DEL TEXTO

En la yuxtaposición de los datos del *Bloque 1. Comprensión del texto* (tabla 3.2), aparecen similitudes y diferencias sustanciales:

- Dos de los cuatro centros presentan 3 preguntas según establece la normativa (LNLM, IIC). En cuanto a los dos otros (LPEE y LPIG), presentan 4 preguntas.
- El análisis de los contenidos de las tareas a realizar revela la presencia de varias preguntas de "comentario crítico guiado" que exigen más esfuerzos de análisis por parte de los alumnos: LNLM (1), LPIG (2) y LPEE (1). El IIC es el único centro que presenta una tarea de "asignación del tema".
- El orden de presentación de las tareas también difiere de un centro a otro.

A pesar de una similitud aparente, se nota que las tareas a realizar en este bloque carecen de homogeneidad.

Tabla 3.2. Yuxtaposición y comparación de datos del bloque 1

Unidad de comparación	Nº preguntas	Tareas a realizar	Tipo de contenido	Puntuación	Ponderación
NORMATIVA	3	- Identificación de la idea general	Saber hacer	5	1,5
		- Asignación del tema			2
		- Realización de un resumen			1,5

LNLM	3	- comentario crítico guiado - ideal general - resumen	Saber hacer	5	1,5 1,5 2
LPIG	4	- ideal general - resumen - idea general - comentario crítico guiado	Saber hacer	5	1 1 2 1
LPEE	4	- ideal general - comentario crítico libre - resumen - comentario crítico guiado	Saber hacer	5	2 2 1
IIC	3	- tema - ideal general - resumen	Saber hacer	5	No hay ponderación

Al yuxtaponer las diferentes tareas a realizar del bloque 1 de las 4 pruebas, puede notarse que todas no coinciden con la normativa. En este bloque de contenidos, la frecuencia de las tareas a realizar deja aparecer algunos puntos de convergencia entre los institutos: las tareas "identificación de la idea general/principal" (5) y "realización de un resumen" (4) son las más requeridas. Pero, en las demás tareas, aparecen divergencias: "comentario crítico guiado" (3), "comentario crítico libre" (1) y "asignación del tema" (1). Dentro de esta categoría de tareas, las dos primeras no se requieren en comprensión del texto, sino en el bloque de expresión personal.

Figura 3.1. Yuxtaposición y comparación de tareas a realizar, bloque I

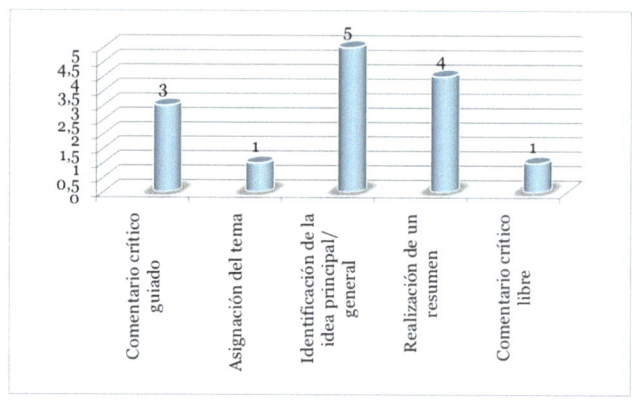

3.2. SOBRE LA EXPRESIÓN PERSONAL

Cuando se yuxtaponen y se comparan los contenidos de las tareas a realizar en el *bloque 2 Expresión personal* aparecen similitudes entre los centros. LPIG y LPEE presentan una pregunta de "comentario guiado personal" y otra de "comentario guiado libre", con una diferencia en el orden de presentación. LNLM presenta una de "valoración personal" y otra de "comentario crítico libre". En cuanto al IIC aparece una de "comentario crítico guiado" y otra de opinión personal.

Tabla 3.3. Yuxtaposición y comparación de datos del bloque 2

Unidad de comparación	N° preguntas	Tareas a realizar	Tipo de contenido	Puntuación	Ponderación
NORMATIVA	2	- comentario crítico guiado - comentario crítico libre	Saber hacer	6	3 3
LNLM	2	- comentario crítico guiado - comentario crítico libre	Saber hacer	7	No hay ponderación
LPIG					3

	2	- comentario crítico guiado - comentario crítico libre	Saber hacer	6	3
LPEE	2	- comentario crítico guiado - comentario crítico libre	Saber hacer	6	3 3
IIC	2	- comentario crítico guiado - comentario crítico libre	Saber hacer	6	No hay ponderación

3.3. SOBRE LA COMPETENCIA LINGÜÍSTICA

La yuxtaposición de los datos del bloque 3 de los cuatros centros hace aparecer puntos de convergencia a la hora de atribuir los puntos. Tres de los centros (LPIG, LPEE, IIC) tienen la misma puntuación (9 puntos). No obstante, se evidencian divergencias notables a la hora de distribuir los puntos entre las diferentes tareas a realizar. Todas las distribuciones no coinciden con lo que establece la norma. Del mismo modo uno de los centros no ha previsto ninguna ponderación. Mientras que el LNLM presenta una distribución diferente (8 puntos)

Tabla 3.4. Yuxtaposición y comparación de datos del bloque 3

Unidad de comparación	N° preguntas	Tareas a realizar	Tipo de contenidos	Puntuación	Ponderación
NORMATIVA	5	- Transformar - Imitar - Sustituir - Completar - Traducir	Saber y saber hacer	9	2 (1-1) 1 (0,5-0,5) 1 (0,5-0,5) 2 (1-1) 3 (2-1)
LNLM	5	- Transformar - Imitar - Sustituir - Completar - Traducir	Saber y saber hacer	8	1,5 (1-0,5) 1,5 (No hay) 1 (No hay) 1,5 (No hay) 2,5 (No hay)
LPIG	5	- Transformar - Imitar - Sustituir - Completar - Traducir	Saber y saber hacer	9	2 (1-1) 1 (0,5-0,5) 1 (0,5-0,5) 2 (1-1) 3 (1,5-1,5)

LPEE	5	- Transformar - Imitar - Sustituir - Completar - Traducir	Saber y saber hacer	9	3 (0,5-0,5) 1 (0,5-0,5) 1 (0,5-0,5) 1 (0,5-0,5) 3 (2-1)	
IIC	5	- Transformar - Imitar - Sustituir - Completar - Traducir	Saber y saber hacer	9	No hay ponderación	

Al yuxtaponer las consignas en este mismo bloque (tabla 3.5), se nota también la no conformidad en la formulación de las consignas de las tareas a realizar que varía de un instituto a otro.

Tabla 3.5. Yuxtaposición y comparación de las consignas del bloque 3

	Consignas tareas a realizar
NORMATIVA	- *Imitar*: "Reutiliza las estructura subrayadas en otra frase con otro verbo que … según la lógica del texto" - *Sustituir*: "Reemplaza las estructuras subrayadas por otras equivalentes" - *Completar*: "Completa las frases siguientes según la lógica del texto" - *Traducir*: "Pasa al francés", "Pasa al español"
LNLM	- *Imitar*: "emplea la estructura subrayada en frase personal respetando la lógica del texto" - *Traducir*: "traduce en español"
LIPIG	- *Imitar*: "Reutiliza las expresiones subrayadas en frases personales respetando la lógica del texto"
LPEE	- *Imitar*: "Reutiliza las palabras subrayadas en una frase respetando el contexto" - *Sustituir*: "Remplaza las estructuras subrayadas por otras de mismo sentido" - *Completar*: "Completa las frases siguientes sin alterar el sentido"
IIC	- *Imitar*: "reutiliza las estructuras subrayadas en una frase personal según la lógica del texto" - *Sustituir*: "Sustituir por un equivalente las estructuras subrayadas" - *Completar*: "**completar** las siguientes frases según la lógica del texto"

3.4. SOBRE PUNTUACIÓN Y PONDERACIÓN

Al yuxtaponer la puntuación del bloque 1, se notan similitudes en el número de puntos asignados: cinco puntos sobre veinte (5/20). La ponderación indica diferencias: tres centros (LNLM, LPIG y LPEE) distribuyen los puntos de forma diferente. excepto el IIC que no presenta ninguna ponderación. Ninguna de las distribuciones corresponde a la normativa (tabla 3.56). Como puede verse, en la ponderación arrojan las diferencias.

Por su parte, en el bloque 2 se aprecian similitudes entre tres centros (LPIG, LPEE y IIC) cuya puntuación obedece a la normativa (6/20). Mientras que el LNLM otorga una puntuación diferente (7/20). En cuanto a la ponderación, dos centros (LPIG y LPEE) presentan una misma distribución (3-3). Los dos otros (LNLM y IIC) no presentan ninguna ponderación.

En cuanto al bloque 3, se observan también convergencias entre tres centros (LPIG, LPEE y IIC) cuya puntuación otorgada es 9/20. Pero en uno de los institutos (LNLM), pueden apreciarse puntos de divergencia (8/20). La ponderación otorgada a este bloque, una vez más, es diferente en función del centro que elaboró la prueba:

– LNLM: 1,5-1,5-1-1,5-2,5.
– LPIG: 2-1-1-2-3.
– LPEE: 3-1-1-1-3.
– IIC: no presenta ninguna ponderación.

Estas divergencias observadas en la preparación de las pruebas muestran que los diferentes equipos docente no habían establecido y diseñado todos los criterios de evaluación. Las divergencias notadas en la ponderación (tabla 3.6) hacen pensar en que probablemente los docentes no hayan recibido una formación igual o simplemente no han recibido ninguna formación en las técnicas de evaluación. Por lo que pueden apreciarse las carencias del profesorado en cuestiones de evaluación.

Tabla 3.6. Yuxtaposición y comparación de datos puntuación y ponderación

Bloques de contenidos	LNLM	LIPIG	LPEE	IIC
	5	5	5	5
Bloque I	1,5	1	2	No hay ponderación
	1,5	1	2	
	2	2	1	
		1		

	7	6	6	6
Bloque II				
	No hay ponderación	3	3	No hay ponderación
		3	3	
	8	9	9	9
Bloque III	1,5	2	3	No hay ponderación
	1,5	1	1	
	1	1	1	
	1.5	2	1	
	2.5	3	3	

También, pueden apreciarse puntos de convergencia entre tres institutos en relación a la ponctuación otorgada a cada bloque de contenidos. No obstante, existen numerosos puntos de divergencia en cuanto a la ponderación en varias tareas.

Figura 3.1. Yuxtaposición y comparación de datos de la puntuación otorgada a cada bloque de contenidos

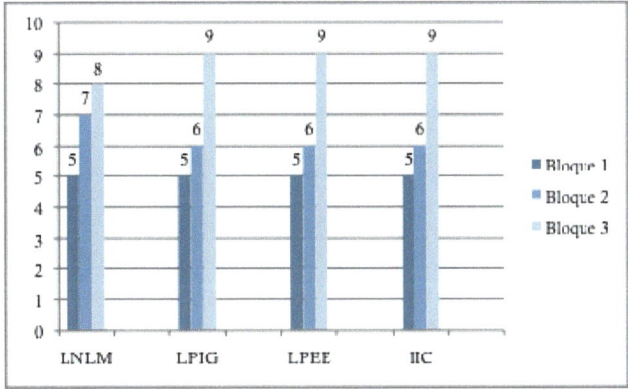

4. DISCUSIÓN DE LOS RESULTADOS

Tras analizar y caracterizar las cuatro pruebas de entrenamiento, la yuxtaposición de las conclusiones analíticas ha resaltado algunas similitudes en el número de preguntas presentadas (bloque 1. *Comprensión del texto*). Dos centros presentan 3 preguntas (LNLM, IIC) y los otros dos presentan cuatro y cinco preguntas (LPIG, LPEE). El análisis de los contenidos de las tareas a realizar revela la presencia de varias preguntas de "comentario crítico guiado" en las pruebas de tres centros (LNLM, LPIG y LPEE) y algunas divergencias a la hora de aplicar la normativa. Este tipo de tareas son recomendadas para el bloque 2 *Expresión personal* porque exigen un esfuerzo de análisis. El análisis de los contenidos de las tareas a realizar en este bloque mostró algunas divergencias.

La presencia de preguntas de análisis crítico en la comprensión del texto parece responder a una interpretación subjetiva de la norma, lo que incide sistemáticamente en la preparación de los alumnos para el desarrollo y la adquisición de esta destreza. Al analizar la puntuación en este bloque, se observó similitudes en el número de puntos asignados: cinco puntos sobre veinte (5/20). En la ponderación es dónde arrojan las diferencias. Cada centro distribuye los puntos de forma diferente, a excepción del IIC que no presenta ninguna ponderación. Ninguna de las distribuciones corresponde a la establecida en la nota N° 002 (MEN, 2011).

Al comparar los datos del bloque 2 (tabla 3.3) puede verse que todos los centros presentan dos preguntas para valorar este bloque. Cuando se comparan los contenidos de las tareas a realizar aparecen algunas divergencias entre los centros. LPIG y LPEE presentan una pregunta de comentario crítico y otra de comentario crítico libre o personal, con una diferencia en el orden de presentación. LNLM presenta una de valoración personal y otra de comentario crítico personal. En cuanto al IIC aparece una de comentario crítico libre y otra de opinión personal. A pesar de una similitud aparente, se nota que las tareas a realizar en este bloque carecen de homogeneidad. Lo que lleva a pensar que las prácticas docentes de cada centro son manifiestas en el diseño de las pruebas de evaluación a pesar de la normativa.

La yuxtaposición de los datos del bloque 3 (tabla 3.4), pone de relieve que todos los centros presentan cinco preguntas y según el orden establecido por la normativa. Al comparar los contenidos de las tareas a realizar aparecen puntos divergentes en la formulación de las consignas en tres tareas. En *imitar*, ninguno de los cuatro centros coincide con la formulación de la norma. En *completar* 3 centros coinciden (LNLM,

LPIG, IIC), excepto el LPEE. En *sustituir* las consignas tampoco coinciden todos los centros con la normativa. La presencia de estas diferencias en la formulación de las consignas puede hacer sospechar que en la práctica docente, los alumnos no están siendo entrenados adecuadamente en la adquisición de competencias procedimentales, "saber hacer".

También, al comparar la puntuación asignada al bloque 3 en las pruebas reaparecen diferencias que oscilan entre 8 y 9. El hecho de que en la preparación de las pruebas no se hayan establecido y diseñado todos los criterios para la calificación lleva a pensar que la prueba no garantiza la validez y la fiabilidad. Se ha notado que el nivel de dificultad varía de una prueba a otra y en función del tipo de texto presentado.

Los resultados obtenidos ponen de manifiesto la existencia de algunos puntos divergentes entre los institutos al aplicar la norma que establece la PEE en el Bachillerato. Las diferencias observadas en los contenidos de las tareas a realizar, así como en la puntuación y en la ponderación dejan pensar que la norma básica está sujeta a interpretaciones diversas por cada instituto en que se la aplique y parecen evidenciar las dificultades de los docentes en aplicar las recomendaciones oficiales. Como consecuencia de estas diferencias sustanciales, la falta de homogeneidad de las pruebas diseñadas y aplicadas en cada centro para entrenar a sus alumnos de bachillerato.

5. CONCLUSIONES FINALES

Esta investigación sobre el desempeño de los alumnos en la PEE en el Bachillerato ha tenido por objetivos analizar la prueba escrita de español y determinar si el diseño de ésta se ajusta a la normativa que la regula. De manera específica, hemos analizado y caracterizado las pruebas de entrenamiento diseñadas y aplicadas en 4 institutos con respecto a la normativa que establece los estudios de Bachillerato y que regula la estructura de la PEE (Estudio descriptivo). Una vez establecido los criterios de comparación y con los análisis realizados, se ha pasado a yuxtaponer y comparar las pruebas entre sí (Estudio comparativo).

El análisis de las 4 pruebas ha permitido extraer comparaciones acerca de la estructura, bloques de contenidos, puntuación y ponderación. La yuxtaposición de los resultados obtenidos del análisis de cada unidad de estudio evidencia diferencias sustanciales en función del centro en el que se aplique la normativa. De forma que en función del perfil y de las prácticas de cada instituto, el entrenamiento de los alumnos varía de un centro a otro. Por lo que los resultados obtenidos pueden variar en un amplio margen puesto que todos los alumnos no tienen la misma situación de partida, lo que deja a muchos de ellos en situación de desventaja. Al ser común y obligatoria en todo el país, la PEE debería garantizar las mismas posibilidades de éxito a todos los candidatos. No obstante, todos no reciben el mismo entrenamiento por lo que no están asegurados de aprobarla. Estos resultados parecen evidenciar diferencias en el entrenamiento de los alumnos: algunos tienen más entrenamiento en ciertos contenidos de la prueba y poco entrenamiento en otros.

Todo lo anterior lleva a cuestionar tanto el proceso de preparación de los alumnos como la validez de las pruebas de evaluación diseñadas e implementadas por los docentes para conocer el nivel de dominio de adquisición de la lengua. Cabe preguntarse si la PEE mide lo que se supone que debe medir, porque una prueba es válida cuando evalúa lo que se supone que evalúa (Bordón, 2015; Pérez Juste y García Ramos, 1989). Además, el tipo de tareas que se piden a los alumnos en las pruebas "no proporcionan información acerca de la habilidad para producir lengua escrita propia del aprendizaje y que comunique un significado relevante" (Bordón, 2006:63). También, hemos visto que en algunas pruebas de entrenamiento analizadas no están establecidos los criterios para la calificación (la valoración numérica de cada tarea). Esta realidad incide en la fiabilidad es decir en la consistencia de los resultados en distintas facetas de la evaluación (Antón, 2013).

Finalmente, se puede considerar que las pruebas son instrumentos de evaluación interesantes en cuanto que su diseño está acorde a la finalidad que se quiere alcanzar (Bordón Martínez, 1999). Pero no deberían ser las únicas técnicas para evaluar el nivel de adquisición lingüística de los alumnos de bachillerato. Tenemos razones para pensar que en el diseño de la PEE no se tiene en cuenta el nivel real de adquisición y desarrollo de las habilidades que se intentan evaluar, por consiguiente, no se están evaluando las habilidades que se pretenden evaluar (Bordón Martínez, 2015; Sanmartín Puig, 2020).

5.1. LAS PRUEBAS DE E/LE

Tras analizar y comparar las 4 pruebas de entrenamiento, los resultados han permitido apreciar varios puntos de divergencia entre centros. Los análisis realizados han puesto en evidencia varias distorsiones en las diferentes pruebas diseñadas y aplicadas en cada uno de los institutos para entrenar a los alumnos. El proceso de reforma de la PEE no debería limitarse sólo a revisar los diferentes bloques de contenidos en profundidad y a diseñar unos "exámenes modelo", sino que también se ha de describir nuevos criterios de corrección para cada bloque.

Todos los tipos de textos deberían someterse a un riguroso proceso de experimentación con el objetivo de conocer la dificultad objetiva de cada uno de ellos y asegurar que el nivel de dificultad de cada prueba es el mismo convocatoria tras convocatoria. El análisis ha puesto de relieve el nivel de dificultad en la realización de las diferentes tareas propuestas, así como la falta de homogeneidad de las pruebas de entrenamiento y por consiguiente una diferenciación en la preparación de los alumnos para la evaluación de Bachillerato. Esta experimentación permitirá la elaboración de informes previos a la realización del examen y posteriores al mismo.

La dificultad de los alumnos de conocer el tema sobre el que van a escribir, también, puede encontrar una explicación en la enseñanza. Los criterios de selección de los textos del examen no siempre coinciden con los de los profesores a la hora de elegir los temas que van a trabajar en sus clases. Ocurre que el día del examen, muchos alumnos se encuentran con temas que desconocen, temas insuficientemente desarrollados en el aula o de difícil comprensión como suele ocurrir estos últimos años (Messakimove, 2009). En tal situación, muchos de ellos experimentan enormes dificultades para producir escritos en relación con temas aunque considerados como "temas de actualidad" (MEN, 2009), es decir temas que forman parte del cotidiano, con lo cual, los alumnos han de estar informados mediante los medios de comunicación (la radio, la televisión, la red). Sin embargo, la joven generación está enganchada a otros temas, además, muchos de los alumnos de la secundaria gabonesa no tienen acceso a todos estos medios de comunicación por pertenecer a una clase media, por la mayoría.

Como es sabido, cada *género discursivo* se caracteriza por una estructura, una abundante y compleja información que exige cierta competencia. Según informa Cassany (2005:25), "un género discursivo aglutina los múltiples conocimientos lingüísticos y socioculturales que debe poseer un lecto-escritor para poder comunicar eficazmente en una determinada comunidad idiomática y cultural".

Siguiendo a Cassany (1005:24), "cualquier texto refleja en su estilo y estructura este vínculo con los contextos sociohistóricos en los que surgió y se diferencia del resto de escritos, que reflejan los parámetros de otros contextos. Por lo tanto, en las aulas los profesores han de trabajar sistemáticamente las estructuras de cada tipo de texto para que el alumno las conozca y se acostumbre a todos los rasgos lingüísticos (MCER, 2002). En la tabla que sigue, Cassany (2008) propone una serie de preguntas para analizar un género que podrían orientar a los docentes a la hora de seleccionar un texto. Las respuestas a estas preguntas informan sobre las características y especificidades propias de cada género discursivo.

Tabla 4.1. Modelo de guía para analizar géneros

Preguntas para analizar un género
Aspectos contextuales y socioculturales   1. ¿Quién es el autor? ¿Cómo se présenta? ¿Con qué imagen (*face*, cara, mascara)?   2. ¿Quién es el lector? ¿Cómo se présenta? ¿Con qué imagen? ¿Qué grado de formalidad présenta el género?   3. ¿Cómo se distribuye el texto? ¿Cuál es el canal? ¿Qué características tiene?   4. ¿En qué ámbito social y/o cultural se usa el género (disciplina, sector, instituciones)? ¿Qué función désempenna? ¿Cómo se escribe y lee? ¿Cuál es el canal? ¿Cómo se élabora? ¿Qué métodos y procedimientos se utilizan?   5. ¿Qué valor social tiene el género? ¿Qué estatus social tienen los lectores y los autores?   6. ¿Cuál es la historia del género?   *Aspectos discursivos*   7. ¿Qué estructura tiene el género? ¿Cuáles son sus partes o componentes principales?   8. ¿Cómo se organizan los apartados o párrafos? ¿Qué secuencias discursivas utiliza (argumentación, narración, diálogo, instrucción, descriptivo)?   9. ¿Cómo se referencian las fuentes (otros autores, discursos, pruebas)?   10. ¿Utiliza otros códigos (matemática, química, loggia, informatica) ? ¿Quérecursos no verbales usa (mappas, esquemas, dibujos, fotos)? ¿Utiliza recursos électronicos (audio. Vídeo, reproducciones virtuales)?   11. ¿Qué recursos tipográficos utiliza (negritas, cursivas, mayúsculas, títulos internos)?   *Aspectos gramticales y léxicos*   12. ¿Hay términos, expresiones o fraseología especializada? ¿Cuáles? ¿Qué grado de especificidad tienen?   13. ¿Qué estructuras sintácticas utiliza? ¿Frases simples o compuestas? ¿Qué signos de puntuación?   14. ¿Qué grado de legitimidad tiene? ¿Se puede comprender con una lectura?

Nota. Tomado de *Taller de textos. Leer, escribir y comentar en el aula* (2008:38-39). Todos los derechos reservados 2008 por D. Cassany y las Ediciones Paidós, S.A.

Ahora bien, si los profesores no dominan las estructuras de cada género discursivo ¿cómo pueden enseñarlas a sus alumnos?, ¿cómo pueden los alumnos adquirir y desarrollar una sólida capacidad de reconocer las clases de textos si no tienen conocimientos adecuados sobre el funcionamiento de cada género? Como es sabido, no es lo mismo leer un texto narrativo, descriptivo, argumentativo que uno expositivo. Pues cada tipo de texto tiene su finalidad, un lenguaje específico y unas características que le son propias (Cassany, 2005, 2008). Y tal como recomienda Encina (2012:99):

> Cada vez que introduzcas un nuevo formato (anuncio, artículo de opinión, reseña cinematográfica, etc.), tienes que trabajar con tus estudiantes qué características tiene ese formato. Para unos, este tipo de formato no será nuevo y, por eso, analizar el formato es muy interesante porque activa la competencia general de tus estudiantes –sus conocimientos previos- y eso les hace activar inconscientemente estrategias de comprensión; pero para otros, puede ser nuevo o quizá no hayan pensado o analizado este tipo de texto en las lenguas que conocen.

Por estas razones y otras más, es de suma importancia conocer previamente las especificidades de cada género porque puede ayudar a identificar las dificultades lingüísticas que podrían surgir en el aula durante la realización de las diferentes actividades de la lengua: la comprensión lectora, la comprensión auditiva y audiovisual; la producción oral (expresión e interacción orales) y la producción escrita (expresión e interacción escritas).

Efectivamente, la comprensión de los textos seleccionados es otra dificultad que necesita una profunda reflexión. Se sabe que la comprensión lectora tiene vínculos muy estrechos con la expresión escrita (Cassany, 2005; Encina, 2012). Para poder contestar las preguntas del texto leído, es imprescindible desarrollar ciertas estrategias que ayudan a reflexionar sobre el contenido, la estructura, elaborar una interpretación, obtener información o comprender globalmente dicho texto (Cassany, 1993; Mata, 1997).

Como docente y evaluadora de la PEE, hemos observado que los alumnos experimentan dificultades para comprender los textos propuestos y producir escritos coherentes y cohesionados en español (Messakimove, 2021). Estas dificultades se manifiestan en una pobreza en la expresión escrita de sus ideas, debida fundamentalmente a muchas carencias de conocimientos sólidos de los elementos del sistema de la lengua (gramática, léxico, ortográfico) y algunas lagunas en la lengua materna (francés) obligando a los alumnos a muchos préstamos (Eyeang y Messakimove, 2015). Como consecuencia de los desajustes, se observa una distancia entre el nivel real de adquisición de las competencias por los alumnos y las habilidades evaluadas en la PEE que exige de los candidatos una fuerte movilización de su saber (conocimientos lingüísticos) y saber hacer -conocimientos procedimentales tales como destrezas lingüístico-comunicativas, estrategias de aprendizaje cognitivas y metacognitivas- (MCER, 2002).

De acuerdo con García Aretio (2001:25), "una evaluación bien diseñada es la mayor garantía de un aprendizaje de calidad y, también, de una docencia enfocada a resultados de aprendizaje valiosos". Para que exista comprensión lectora, los textos deben ser adecuados al nivel de conocimiento que el alumno ya posee sobre el tema que se trate (Encina, 2012). Además, se considera que el alumno ha de estar expuesto a modelos orales y escritos en su vida académica y personal. El proceso de comprensión sólo se produce cuando somos capaces de integrar la información nueva dentro de los esquemas de conocimientos que ya disponemos sobre un tema (Ausubel, 1976).

Pero el análisis de los textos de las pruebas de entrenamiento ha mostrado que el nivel de dificultad es alto para alumnos con un nivel de competencia lingüística y comunicativa insuficientemente desarrollado. En nuestras clases de E/LE donde el texto se usa como pretexto para que los alumnos practiquen o conozcan una determinada estructura o un determinado vocabulario, los profesores dedican poco tiempo a enseñar a leer a sus alumnos. Las actividades para trabajar la comprensión lectora se limitan a responder preguntas de comprensión sobre el texto objeto de estudio (MEN, 2004). Este tipo de actividades mecánicas y repetitivo solo favorecen un aprendizaje memorístico, una característica de la metodología estructuralista. Por lo tanto, no potencian un aprendizaje comunicativo de la lengua ya que obligan a los alumnos a usar los mismos procedimientos y estrategias que en ocasiones resultan ineficaces o inadecuadas y contra producientes para alcanzar el objetivo de la actividad (Diaz-Barriga y Hernández, 2002).

Ante las dificultades que experimentan los profesores para diseñar y trabajar con sus alumnos actividades cumunicativas de escritura, Guasch Boyé (2000:302-307) propone algunas recomendaciones:

1. Hay que dejar tiempo suficiente para que los alumnos escriban, pues se trata de una actividad de por sí compleja y aún más para ellos.
2. Las actividades de escritura deben entenderse como de uso lingüístico en su globalidad, sin olvidar los elementos pragmáticos, holísticos, estratégicos de la comunicación.
3. Basaremos toda nuestra metodología en situaciones reales de escritura para que el aprendizaje resulte significativo, conviene escoger lostemas de entre los vividos en el aula y, por tanto, en L2.

4. Les facilitaremos estrategias de ayuda para que los mismos alumnos puedan resolver los problemas de escrituraque se les presenten.
5. A través de las actividades intentaremos siempre propiciar la reflexión sobre el uso de la lengua.
6. Como actividad comunicativa que es la escritura, elaboraremos actividades que demuestren el carácter socialde esta destreza teniendo en cuenta los destinatoriosde las mismas.
7. Les facilitaremos la adquisición del vocabulario mediante recursos variados como pueden ser los diccionarios, ficheros léxicos, murales de aula, etc.

Según enfatiza Sánchez Aquilino (2004:158), "Es necesario considerar que el enfoque metodológico aplicado define en gran medida el tipo de actividades y estrategias utilizadas en clase". A partir de análisis del currículo oficial, se ha observado que el enfoque didáctico que sustenta las prácticas docentes en el contexto gabonés de E/LE sigue siendo el enfoque de base estructural como ocurre en varios países de África subsahariana (Manga y García Parejo, 2007; Koffi, 2010). En Camerún por ejemplo, el estudio de Ambomo (2019:338) revela que:

> Todos los inspectores de la muestra confirman que el método tradicional resulta el enfoque didáctico más utilizado en los recursos de ELE de la educación secundaria camerunesa. Se trata de un método que fomenta el aprendizaje memorístico de las reglas gramaticales. Además, desarrolla solamente dos destrezas lingüísticas: la comprensión lectora y la expresión escrita. Se debería elaborar recursos didácticos que permitan a los alumnos cameruneses trabajar las cuatro habilidades comunicativas: Hablar, escuchar, leer y escribir.

Como evaluación sumativa, el examen de Bachillerato cobra mayor importancia. Por eso la PEE ha de ajustarse a la realidad del aula, además tiene que contar con criterios de evaluación objetivos, independientemente de quien mida los resultados (Bordón Martínez, 2015). Los resultados de este proceso se ven reflejados en forma de calificaciones o notas, que los alumnos reciben como testimonio de su desempeño en el proceso de aprendizaje. Por lo tanto y en coincidencia con Marín Perís (2008:28):

> una evaluación que sólo compruebe lo que uno es capaz de hacer por sí mismo es una evaluación que no mira al futuro, puesto que se sitúa al final de un proceso y no en su interior. Una evaluación orientada al pasado no es capaz de decirnos hacia dónde se dirige la persona evaluada ni -por tanto- qué ayuda podemos prestarle para que llegue a esa nueva meta pronto y bien. En esta conexión entre pasado, presente y futuro se pone de manifiesto la dimensión formativa de la evaluación, el sentido y la razón de su práctica en un programa de enseñanza.

Ahora bien, el análisis del contexto de E/A (contenidos, programas, diseño e implementación de la evaluación de los logros alcanzados por los alumnos etc.) ha revelado el solapamiento de las reformas introducidas y su difícil puesta en práctica por los docentes, lo que ocasiona varias discrepancias entre los objetivos predeterminados y las metodologías recomendadas. También, hemos visto que la manera de secuenciar los contenidos no cuadra con la metodología comunicativa como viene determinado en las finalidades, más bien el eje vertebral se fundamenta en la enseñanza tradicional de la lengua y no algo sobre la lengua (Sánchez Aquilino, 2000). Tal como aconsejan Bourdieu y Gros (1990:421):

> Un eventual cambio en los contenidos o una modificación definitiva de los programas no deben llevarse a efecto sino después de: a) la realización de estudios experimentales en situaciones reales (para dichos estudios se debe recabar la colaboración de los profesores), y b) la introducción de las modificaciones necesarias en la formación (tanto inicial como continua) del profesorado a cargo de las nuevas enseñanzas.

Muchas de las reformas curriculares introducidas en el sistema educativo gabonés suelen llevarse de forma rápida sin ningún estudio experimental en situaciones reales (Messakimove, 2009). Los profesores, muchas veces, descubren las dificultades de llevarlas a la práctica al mismo tiempo que sus alumnos porque no han sido formados o son insuficientemente formados. Por eso, los cambios en metodología han de ir con la formación de los docentes porque son ellos sobre quienes recae la responsabilidad de llevarlos a la práctica (Sánchez Aquilino, 2009).

5.2. LA PREPARACIÓN DE LOS ALUMNOS

El análisis comparativo de las pruebas diseñadas y aplicadas en los 4 centros de estudio ha puesto de relieve que todos los alumnos no están entrenado a lo mismo, por lo que muchos de ellos se encuentran en una situación de desventaja. Las deficiencias observadas en las pruebas de entrenamiento nos llevan a reflexionar acerca de cómo los docentes enseñan a escribir a sus alumnos. ¿Qué enfoques subyacen en sus concepciones sobre la enseñanza de la escritura en clase de español? El MEN (2004:9) refiere las actividades escritas en el aula de español en los términos siguientes: "Elles se traduisent dans le choix d'exercices qui visent à développer la compréhension écrite, l'expression écrite, la compétence linguistique".

Sin embargo, no especifican cuáles son y cómo se diseñan. Por lo que las actividades que se trabajan en el aula no están encaminadas a desarrollar las habilidades comunicativas en LE. La falta de actividades de expresión escrita en las aulas gabonesas de E/LE, también ha sido subrayada por Caro Muñoz (2017:392) cuando indica que:

La expresión escrita se asocia con lo normativo y con la realización de exámenes. En las clases observadas no se concibe la expresión escrita como una actividad comunicativa tal como propone el MCER. No se realizan actividades de redacción de un tema, de escritura de un artículo, una carta, etc., en que el alumno sea autor de un texto con sus propias ideas y significados (MCER, 2002:60), sino que la escritura consiste en reproducir por este canal la interacción oral entre el profesor y los alumnos que se ha llevado a cabo previamente para comentar el texto estudiado.

En tal situación, los alumnos que no desarrollan los procedimientos de composición (planificar, transcribir y revisar) son incapaces de coordinar los diversos procesos y habilidades requeridos en la composición. Además, los alumnos realizan la tarea de expresión escrita como un problema de preguntas y respuestas, para la que no se requiere ninguna planificación previa (Mata, 1997:41-42). Como hemos indicado, muchas de las actividades en el aula están basadas en responder preguntas, por lo tanto los alumnos se acostumbran a este juego sin necesidad de recurrir a ninguna planificación previa (debido a falta de habilidades de planificación). Ayudar a los docentes a diseñar y planificar actividades enfocadas al desarrollo de los procesos de composición (planificación, transcripción y revisión) es ayudar a los alumnos a desarrollar las habilidades de escritura.

Volviendo a las preguntas de los bloques 1 y 2 de las pruebas analizadas, se nota que son preguntas que exigen la movilización de diversos procesos cognitivos. A partir del análisis realizado se puede notar que los textos no son sencillos, además, no tratan sobre temas sistemáticamente relacionados con su especialidad y con un nivel de comprensión satisfactorio. Con lo cual, las dificultades son enormes para alumnos de último curso de secundaria de enseñanza general. En el análisis de las diferentes tareas a realizar para trabajar la comprensión lectora (bloque 1), se ha notado que son actividades que no ayudan a los alumnos a la comprensión de cualquier tipo de texto. De acuerdo con Encina (2012:98), entrenar a los alumnos en las actividades y tareas de comprensión lectora que les den estrategias para comprender cualquier otro mensaje escrito obliga a los docentes a un cambio de perspectiva:

> No se trata de evaluar lo que tus estudiantes han entendido, sino de presentar un texto con una serie de actividades que les ayuden a la comprensión de este texto en particular y, en general, que les den estrategias técnicas y prácticas para comprender cualquier otro mensaje escrito

¿Qué son y cómo se trabajan las estrategias de comprensión lectora? Existen algunos tipos de actividades de comprensión lectora reseñadas en Encina (2012:105-108) que se pueden adaptar a nuestro contexto como lo son las actividades de contextualización y de activación de conocimientos previos (con un soporte visual o con elementos paratextuales, describir qué tipo de texto es, anticipar, predecir). Esta etapa de prelectura no se toma en cuenta sistemáticamente a la hora de llevar a cabo el estudio del texto "actividad cumbre de la enseñanza del español en Gabón" (Eyeang, 2012:522). Ntsaga (2016:180) señala que "les activités d'explications et de commentaires de textes (Q6A) sont celles qui se réalisent le plus souvent (1: 86.20%) en classe d'espagnol LV2, en quatrième et en terminale". La realización de las actividades de contextualización, activación de conocimientos previos, de predicción etc., siempre nos permite averiguar qué saben los alumnos sobre el tema (Encina, 2012).

Por otra parte, teniendo en cuenta que cada persona tiene un ritmo de lectura diferente, es imprescindible que la primera lectura de texto sea en silencio y de forma individual. Investigadores como Cassany (2005) han señalado el poco sitio que ocupa la práctica de la escritura en las aulas, en consecuencia, los alumnos no reciben la ayuda necesaria para aprender a escribir. A este propósito, Cassany (1993:82) afirma que:

> Los alumnos escriben poco en el aula (quizá porque los maestros pensamos que es un derroche innecesario de tiempo). Suelen trabajar más en su casa, haciendo deberes, solos, sin nadie que les guíe o que les muestre cómo hacerlo. De este modo, se acostumbran a escribir sin haber visto antes a nadie haciéndolo, sin tener modelos de, por ejemplo, como buscar ideas, trazar un mapa, revisar, reformular una frase, etcétera. Carecen absolutamente de modelos a seguir o imitar.

En la actualidad, la escuela juega un papel preponderante en la formación de lectores y escritores, por eso importa un planteamiento didáctico de la escritura en nuestra aulas de E/LE para que su tratamiento cobre más sitio en el desarrollo de la competencia discursiva en nuestros alumnos. Como sugiere el MCER (2002:66), es importante y necesario para los docentes determinar previamente "qué actividades de expresión escrita tendrá que aprender a realizar el alumno, con qué finalidad, cómo se le capacitará para ello y qué se le exigirá al respecto". Para Cassany (2008), el problema viene de que los profesionales de la educación, en general, se interesan por el texto acabado o producto final, y no tienen en cuenta el proceso de elaboración o borradores iniciales del futuro texto. Como consecuencia de la importancia dada al producto final, los procesos metacognitivos, planificar, ejecución, control y reparación (MCER, 2002:61) de la escritura no se trabajan sistemáticamente en la E/A de las LE. De allí que, y como apuntan Carreras Rabasco y Rodríguez Lifante (2015:4):

> no sea de extrañar que la destreza escrita no reciba el valor suficiente en el aula de lenguas extranjeras, convirtiéndose incluso en la "oveja negra" de las actividades de idiomas. Como ejemplo el hecho de que se le dedique poco tiempo (a veces los últimos minutos de clase, para "rellenar" el tiempo que queda o copiar lo que el profesor ha escrito en la pizarra) o, incluso, ninguno (convirtiéndose en los "deberes" para casa).

En nuestras aulas de E/LE, la destreza escrita suele resumirse a copiar lo que el profesor ha escrito en la pizarra, la "fase escrita" como recomiendan las instrucciones oficiales (MEN, 2004) sin que el alumno desarrolle las habilidades de escritura (Cassany, 2005). O más bien, a trabajos que los alumnos realizan en casa (redacciones, preparación de exposiciones, etc.), sin poder contar con la ayuda necesaria para este tipo de tareas. Cabe recordar que una forma de conceptualizar el proceso de E/A por parte del profesor y alumno es a partir de la organización de la clase en una sucesión de actividades con distintas finalidades pedagógicas y empleando distintos recursos (Cots, 2004).

5.3. LA FORMACIÓN DEL PROFESORADO

Tallaferro (2005:270) indica que "El proceso de aprender a enseñar se asemeja a un río al que van confluyendo experiencias, conocimientos, situaciones, que se producen en contextos diferentes e igualmente válidos". En este sentido, la formación de los profesores ha cobrado y sigue cobrando mayor importancia en las políticas educativas de diferentes países.

La formación del docente es un tema relevante para los sistemas educativos de todos los países. Se considera de suma importancia tener a profesores bien preparados para que el aprovechamiento de los alumnos alcance su máximo potencial, ya que un profesor bien capacitado tendrá estrategias adecuadas para adecuarse a las necesidades de aprendizaje de los alumnos (Castellotti y de Carlo, 1995). Por lo tanto, la formación de los docentes debe ser considerada como un instrumento favorito para mejorar el proceso de aprendizaje. En Torres Ferráez (2012:33), "diversos estudios han mostrado una correlación entre los profesores mejores capacitados y un buen rendimiento académico de los alumnos". En el mismo sentido, Dumbrăvescu y Merino Mañueco (2013:367) coinciden en destacar que "la calidad de la docencia y la formación del profesorado constituyen factores clave para mejorar los resultados de aprendizaje de los individuos".

Los análisis realizados han revelado las carencias del profesorado en cuestiones de evaluación, en el conocimiento de las tipologías textuales, en el desarrollo de las competencias profesionales, etc., que a continuación se reseñan:

1. Las divergencias observadas a la hora de concebir los criterios de evaluación ponen de manifiesto la falta y/o insuficiente formación común de los profesores en las técnicas de evaluación a la hora de concebir una prueba de evaluación

fiable y válida, por una parte. Por otra parte, señalan el poco desarrollo de las competencias como evaluadores (en evaluación).
2. La falta de formación en los géneros textuales: los textos propuestos no coinciden con el nivel real de adquisición y desarrollo de las habilidades de los alumnos por lo tanto, lleva a cuestionar las competencias de los profesores en este dominio.
3. La insuficiente formación y acompañamiento de los profesores de cara a los cambios curriculares introducidos últimamente tiene repercusión a la hora de llevar a la práctica las reformas emprendidas.

Compartimos la opinión de García Perales y Martín Sánchez (2012:79) cuando dicen que "cuidar la formación del profesorado es esencial si se quiere tener un sistema educativo sólido y abocado al éxito. Pero no en todos los países los planes de estudio se adecuan a las necesidades sociales y educativas del momento". En el caso de la presente investigación, hemos notado algunas discrepancias entre las modificaciones introducidas en los planes de estudio de E/LE y la formación del profesorado de cara a las nuevas enseñanzas. ¿Cómo pueden los profesores llevar a la práctica metodologías de las que desconocen los fundamentos teóricos y científicos?, ¿qué resultados pueden esperar que alcancen los alumnos si el profesorado no tiene una formación adecuada acorde a las nuevas metodologías?

De acuerdo con Mbadinga Mbadinga (2014:21), la mejora de la E/A de E/LE en Gabón ha de fundamentarse en la formación docente. Pero ¿cómo pensar y enfocar la formación inicial y continua de los profesionales de E/LE de cara a los desafíos modernos? Necesariamente mediante la actualización de los programas de formación inicial y continua, por una parte; y la adecuación sistemática de los modelos pedagógicos en la formación de profesores a las realidades contextuales de cada ámbito de E/A de LE, por otra.

Caro Muñoz (2011:33), por su parte, señala la necesidad de adaptar y adecuar la enseñanza al contexto:

> Tal vez la enseñanza de lenguas es una de las materias que más necesita de una adaptación y adecuación al contexto. Se ha demostrado sobradamente la exigencia de una reflexión previa ante la adaptación de cualquier programa y la reflexión se convierte en el aspecto básico de la acción docente y de la innovación.

Dumbrăvescu y Merino Mañueco (2013:376) coinciden en destacar la importancia de "mejorar la educación y la formación de profesores y formadores en cuanto que estos son los principales agentes de cualquier estrategia orientada hacia el desarrollo de la sociedad y la economía". Por lo que conviene insistir también tanto en la necesidad de tener una visión crítica y reflexiva sobre la propia docencia, así como en la toma de conciencia acerca de la comunidad de profesionales de la enseñanza. Desde esta perspectiva, y de acuerdo con Tallaferro (2005:270):

> el aprender a enseñar, como un proceso contínuo y construido socialmente, apunta a transformaciones dinámicas en las prácticas educativas de los docentes. Transformaciones que deben responder a las inquietudes y necesidades particulares de cada uno y a las que sólo se llega cuestionando la propia práctica, reflexionando desde ella.

Para ello, se tiene que formar a los docentes a que desarrollen la disposición reflexiva y crítica respecto a la propia práctica docente (Williams y Burden, 1999). Martínez Agudo (2011:103) considera que "como protagonistas del acto de y/o proceso didáctico se espera mucho de los profesores quienes, como profesionales de la educación, necesitan demostrar una sólida preparación científica y una intensa formación pedagógica y didáctica".

A nosotros profesores, nos incumbe la responsabilidad de adaptar nuestras prácticas docentes no solo a las necesidades de los alumnos sino también a la evolución de los cambios que van ocurriendo en nuestras prácticas y que producen cambios en nuestra forma de pensar y sentir, y viceversa (Tallaferro, 2005:271). Como advierten Bourdieu y Gros (1990:412):

> El esfuerzo de adaptación que sería exigido a los maestros debería estar compensado por el otorgamiento de semestres o años sabáticos, y por la organización de estancias largas, que les permitan iniciarse en los modos de pensamiento o en los saberes novedosos, adquirir nuevas calificaciones, y eventualmente cambiar de orientación. De manera más general, deberían establecerse instancias encargadas de recoger, reunir y analizar las reacciones y las reflexiones de los profesores encargados de la aplicación: las sugerencias críticas, adaptaciones deseadas, innovaciones propuestas, etc. De este modo, podría establecerse un esfuerzo permanente de investigación pedagógica, a la vez metódica y práctica, que asocie a los profesores directamente comprometidos en el trabajo de formación.

Todo eso lleva a reconocer que no se debe copiar lo que se hace fuera sin una reflexión profunda, un examen crítico sobre lo que puede ser adaptado a nuestro contexto antes de decidir las diferentes reformas. Para Ngou-Mve (2014:239) "el carácter repetitivo de todas estas reformas indica su ineficacia. Los conservadurismos frenan la aplicación de las reformas". Bourdieu y Gros (1990:429) en el tercer principio aseguran que:

> Sin sacrificarnos a la imitación servil de los modelos extranjeros, hemos de buscar una inspiración crítica en la comparación metódica con los programas vigentes en otras naciones, especialmente en los países europeos: la comparación, como medio de poner de manifiesto olvidos y lagunas, debe sacar a la luz aquellos elementos que sobreviven vinculados a la arbitrariedad de la tradición histórica.

En concreto, la falta de una reflexión profunda previa a la renovación de los programas de enseñanza no ayuda a paliar las deficiencias y a sustituir la actual renovación mecánica y tácita de los programas establecidos por una lógica de la elección consciente y explícita. Si el objetivo es hacer de nuestros alumnos hablantes competitivos de E/LE, hace falta no solo un cambio de paradigma metodológico sino y sobre todo un cambio en la manera de concebir la E/A y así poder deshacerse de los modelos tradicionales.

Incluso, se ha notado que el tipo de actividades que se trabajan en las aulas no están encaminadas a desarrollar las destrezas/habilidades lingüísticas ejes centrales de toda actividad didáctica (MCER, 2002). Pues los enfoques modernos consideran que enseñar la lengua oral significa enseñar a hablar y a entender, y enseñar la lengua escrita equivale a enseñar a escribir y a leer (Cassany et al., 1994). Ayudar a los docentes a diseñar y planificar actividades centradas en el desarrollo de las habilidades comunicativas es ayudar a los alumnos a desarrollar una *competencia comunicativa* en E/LE. Se plantea el problema de la didáctica del texto en la formación del profesorado de E/LE en Gabón (Eyeang, 2011; Álvarez, 2005). De acuerdo con Kem-Mekah Kadzue (2015:477),

> la formación del profesorado no solo debe contar con asignaturas teóricas sobre las nuevas metodologías de enseñanza (método comunicativo, enseñanza basada en tareas, aprendizaje cooperativo de la lengua, método eclécticos, etc.) sino también de asignaturas prácticas de diseño curricular, programación y elaboración de unidades didácticas para la enseñanza del español en el contexto específico camerunés a base de los métodos modernos de enseñanza.

Otro factor que se ha de tomar en cuenta en la formación docente es el referente a la realidad actual del perfil del profesor de lenguas extranjeras. Hoy en día, se contempla un perfil docente basado en competencias (Instituto Cervantes, 2012) para tener a profesionales críticos y reflexivos, autónomos, flexibles capaces de adecuarse a la realidad sociocultural de las aulas y sobre todo a las necesidades de aprendizaje de los alumnos (Perrenoud, 2001, 2011).

No obstante, en la formación inicial de profesores de E/LE gaboneses, "se hace poco hincapié en las técnicas necesarias para la reflexión y la investigación en acción que pueda llevar a los profesores a evaluar sus propias creencias y actuaciones, a partir de lo cual intentar planes de mejora" (Caro Muñoz, 2017:120). El profesor gabonés de E/LE ha de desarrollar habilidades de un profesional reflexivo, crítico de su práctica docente e investigador de las realidades del entorno inmediato del proceso del acto didáctico para analizar las diferentes situaciones problemáticas que acontecen en sus aulas y encontrar la forma de atenderlas (Jackson, 2010). De dónde la necesidad de replantear la formación del profesorado por medio de "una reforma muy significativa en los currícula de formación del profesorado" (Torres Santomé en Jackson, 2010:22). Por lo tanto, es difícil entender por qué "se puede pretender formar a practicantes reflexivos sin incluir este propósito en los planes de formación y sin movilizar a formadores de enseñantes con las competencias necesarias" (Perrenoud, 2011:163).

Volviendo a los pensamientos del profesorado, las investigaciones sobre sus creencias, representaciones y saberes ante el proceso de E/A son consideradas como el mejor indicador de la práctica docente (Caro Muñoz, 2012; Mbadinga Mbadinga, 2014). Puesto que las concepciones que los profesores tienen de la lengua objeto de enseñanza, de la metodología para enseñarla y del papel que ha de asumir el alumno, los materiales están determinadas por sus creencias y representaciones (Castellotti y de Carlo, 1995; Suso López y Fernández Fraile, 2001; Williams y Burden, 1999). Al investigar las creencias del profesor camerunés de E/LE, Kem-Mekah Kadzue (2015:476) puso de relieve que "sólo 52% del profesorado encuestado opinan que la clase de lengua debe servir para usar la lengua más que para aprender gramática, mientras que 100% de profesores opinan que es importante enseñar la gramática en la clase de ELE".

Las concepciones que los profesores tienen de cómo enseñar y aprender una LE son las que determinan y guían sus prácticas docentes (Matthey, 1997). Desde este sentido y, como apuntan Williams y Burden (1999:65):

> Las creencias de los profesores respecto a lo que es la enseñanza afecta a todo lo que hacen en el aula, tanto si estas creencias son implícitas como explícitas. Aunque un profesor actúe de forma espontánea o por costumbre, sin pensar en la acción, dichas actuaciones surgen, sin embargo, de una creencia profundamente enraizada que puede que nunca se haya articulado o explicitado. Así, las creencias profundamente enraizadas que tienen los profesores sobre la forma en que se aprende una lengua impregnarán sus actuaciones en el aula más que el método concreto que estén obligados a adoptar o el libro de texto que sigan.

La formación continua y permanente de los profesores de LE se hace necesaria en la medida en que les ayuda a reflexionar sobre su propia práctica docente y estar al tanto de los cambios metodológicos en el ámbito de la adquisición de L2/LE (Dumbrăvescu y Merino Mañueco, 2013). Abogando en el mismo sentido, Williams y Burden (1999:65) señalan que:

> Si el profesor como educador es el que evalúa constantemente, a la luz de los nuevos conocimientos, sus creencias sobre el lenguaje o sobre la forma de enseñarlo o sobre la educación en general, entonces es fundamental que los profesores entiendan y articulen primero sus propias perspectivas teóricas.

De acuerdo con Cambra Giné (2003:220), "Pour pouvoir penser d'autres modèles de formation, il faut sans doute mettre en relation la recherche dans la classe et la recherche sur les représentations des enseignants d'une part, avec la formation, de l'autre". Por esta razón, es importante incluir de forma sistemática en los programas de formación y/o cursos de formación del profesorado el tema de la evaluación (Caro Muñoz, 2017). Por así poder introducir cambios en la práctica tradicional de la evaluación que consiste en considerar que los docentes enseñan y los alumnos aprenden si están atentos, estudian y son inteligentes para evaluar lo que han aprendido y memorizado. Una concepción de la evaluación muy enraizada en las prácticas evaluativas de los docentes como indican Diaz-Barriga y Hernández (2002:350):

> Dentro de las aulas, muchos profesores continúan realizando prácticas evaluativas por costumbre y sin llevar a cabo una reflexión que les permita cuestionar lo que se está haciendo. Se evalúan sin saber con certeza el porqué y el para qué, en tanto que la mayoría de las veces la evaluación se lleva a cabo sólo desde un punto de vista normativo-instruccional, enfatizando la calificación, la certificación o la acreditación, no desde una óptica más pedagógica que permita tomar decisiones en beneficio del proceso de enseñanza y aprendizaje.

De acuerdo con García Perales y Martín Sánchez (2012:79), "cuidar la formación del profesorado es esencial si se quiere tener un sistema educativo sólido y abocado al éxito". De modo que, según enfatiza Reding, en el prefacio de Eurydice (2002:3) "un corps enseignant motivé et hautement qualifié est une condition essentielle à la qualité de l'éducation offerte aux jeunes par les systèmes éducatifs".

REFERENCIAS

Álvarez, T. (2005). *Didáctica del texto en la formación del profesorado*. Editorial Síntesis.

Ambomo, M-N. (2019). La evaluación del aprendizaje de lenguas extranjeras en los alumnos de la enseñanza secundaria: el caso de la enseñanza del español en Camerún (Tesis doctoral). Universidad de Lleida. https://www.tesisenred.n et/bitstream/handle/10803/668899/Tmna1de1.pdf?sequence=5&isAllowed=y

Andrión Herrero, Mª.-A, González Sánchez, M y San Mateo Valdehita, A. (2020). ¿Qué debe saber un profesor de ELE/L2? Guía básica para actuales y futuros profesores. UNED.

Antón, M. (2013). *Métodos de evaluación de ELE*. Arco Libros.

Ausubel, D. (1976). *Psicología educativa. Un punto de vista cognoscitivo*. Trillas.

Avome Mba, G. (2007). La prueba escrita del español en el bachillerato: hacia un estudio de modelos de enseñanza/aprendizaje del español en Gabón. En G. Nistal Rosique y G. Pié Jahn (Dirs.), *La situación actual del español en África, Actas del II Congreso Internacional de Hispanistas en África* (pp. 21-29). SIAL.

Bizqueara Alzina, R. (Ed.). (2009). *Metodología de la investigación educativa*. La Muralla.

Bordón Martínez, T. (2006). *La evaluación de la lengua en el marco de E/LE: Bases y procedimientos*. Arco Libros.

Bordón Martínez, T. (1999). La evaluación del español como lengua extranjera. *Boletín de ASELE* (20), 15-25.

Bordón Martínez, T. (2015). La evaluación de segundas lenguas (L2). Balance y perspectivas. *Revista Internacional de Lenguas Extranjeras*, (4), 2015, 9–30.

Bourdieu, P. y Gros, F. (1990). Principios para una reflexión sobre los contenidos de la enseñanza. *Revista de Educación* (292), 417.425.

Caballero, A., Manso, J., Matarraz, Mª. y Valle, J. M. (2016). Investigación en Educación Comparada: Pistas para investigadores noveles. *Revista*

Iberoamericana de Educación Comparada, (9), 39-56. https://www.saece.com.ar/relec/revistas/9/art3.pdf http://revistas.uned.es/index.php/REEC/article/view/7236/6904

Cambra Giné, M. (2003). *Une approche ethnographique de la classe de langue*. Didier.

Caro Muñoz, M. (2011). Pedagogías paralelas en África: sobre la universalidad del enfoque comunicativo. *XX Encuentro práctico de profesores ELE en Barcelona* (pp. 32-37). Difusión e International House.

Caro Muñoz, M. (2012). *Las creencias y actitudes de tres profesores de E/LE de Gabón ante la enseñanza de la cultura y de la interculturalidad* (TFM). Universitat de Barcelona. http://hdl.handle.net/2445/22139

Caro Muñoz, M. (2017). *Pensamiento subyacente y enseñanza del español como lengua extranjera en el sistema de enseñanza reglada de Gabón* (Tesis doctoral). Universitat de Barcelona. http://diposit.ub.edu/dspace/bitstream/2445/121859/1/MCM_TESIS.pdf

Carreras Rabasco, A y Rodríguez Lifante, A. (2015). ¿Cómo motivar/desmotivar al alumnado de idiomas a través de la retroalimentación escrita? Estrategias para el profesorado de ELE. En P, J. Molina Muñoz y M-M Cuadra Arance (Eds.), *Actas de las VII Jornadas de Formación para Profesores de Español en Chipre* (pp. 3-21). Centro de Lenguas – Universidad de Chipre. https://www.academia.edu/18626011/Actas_de_las_VII_Jornadas_de_Formaci%C3%B3n_para_Profesores_de_Espa%C3%B1ol_en_Chipre

Cassany, D. (1993). Los procesos de redacción. *Cuadernos de pedagogía* (216), 82-84.

Cassany, D. (2005). *Expresión escrita en L2/ELE*. Arco Libros.

Cassany, D. (2008). *Taller de textos. Leer, escribir y comentar en el aula.* Paidós.

Castellotti, V y de Carlo, M. (1995). *La formation des enseignants de langue.* Clé International.

CONFEMEN. (2008). *Evaluation diagnostique, PASEC Gabon.* PASEC/CONFEMEN. http://www.pasec.confemen.org/wp-content/uploads/2015/07/Gabon.pdf

Consejo de Europa. (2002). *Marco común europeo de referencia para las lenguas: aprendizaje, enseñanza, evaluación*. Anaya e Instituto Cervantes. https://cvc.cervantes.es/ensenanza/biblioteca_ele/marco_complementario/mcer_volumen-complementario.pdf

Cots, J.-M. (2004). ¿Qué se puede observar en el aula? Un programa de observación en el aula para la formación inicial del profesorado. En D. Lasagabastar y J.-M Sierra (Eds.), *La observación como instrumento para la mejora de enseñanza-aprendizaje de lenguas* (pp. 15-49). Cuadernos de Educación.

Diaz-Barriga, F y Hernández, G. (2002). *Estrategias docentes para un aprendizaje significativo. Una interpretación constructivista*. McGrawHill.

Dumbrăvescu, D.-G y Merino Mañueco, S. (2013). La formación del profesorado de ELE en el marco de las competencias clave del profesorado de lenguas segundas y extranjeras del Instituto Cervantes. En J. de Santiago Guervós et al. (Eds.), *El español global, Actas del III Congreso Internacional del Español en Castilla y León* (pp. 367-374). Junta de Castilla y León.

Encina, A. (2012). *Soy profesor/a. Aprender a enseñar. Los componentes y las actividades de la lengua*. Edelsa.

Eurydice (2002). *Questions clés de l'éducation en Europe*. Vol. 3. La profession enseignante en Europe ; profil, métier et enjeux. Commission européenne.

https://www.indire.it/lucabas/lkmw_file/eurydice/Key_topics_2_teaching_profession_Europe_FR.pdf

Eyeang, E. (2011). Textos y aprendizaje del español como lengua extranjera en Gabón. En J. de Santiago Cuervós et al. (Eds.), *Del texto a la lengua: la aplicación de los textos a la enseñanza-aprendizaje de español L2-LE* (vol. 1, pp. 307-321). Asociación para la Enseñanza del Español como Lengua Extranjera.

Eyeang, E. y Messakimove, S. (2015). Enfoques didácticos para mejorar la expresión escrita del estudiante gabonés de español lengua extranjera. En X. Núnes Sabarís, A. González Sánchez, C. Pazos Justo y P. Dono López (Eds.), *Horizontes científicos y planificación académica en la didáctica de lenguas y literaturas* (pp. 409-426). Edições Hümus. http://cehum.ilch.uminho.pt/cehum/static/publications/horizontes_cientificos_pub_online.pdf

García Aretio, L. (07/05/2020). Algunas tipologías de evaluación. *Contextos universitarios mediados*. (ISSN: 2340-552X). https://aretio.hypotheses.org /4148.

García Garrido, J. L. (1996). *Fundamentos de Educación Comparada*. (3ª Ed.). Dykinson.

García Perales, N y Martín Sánchez, M-A. (2012). Algunas notas en perspectiva comparada sobre formación de maestros: el caso de España y Finlandia. *Tejuelo* (13, pp. 70-87). https://redined.mecd.gob.es/xmlui/bitstream/handle /11162/29184/00920123015943.pdf?sequence=1&isAllowed=y

Guasch Boyé, O. (2000). La enseñanza de la composición escrita. En U, Ruiz Bikandi (Coord.), *Didáctica de la segunda lengua en educación infantil y primaria*. Síntesis.

Instituto Cervantes. (2012). *Las competencias clave del profesorado de lenguas segundas y extranjeras.* https://cfp.cervantes.es/imagenes/File/competencia s_profesorado.pdf

Jackson, P. W. (2010). *La vida en las aulas*. (7ª ed.). Morata.

Kem-Mekah Kadzue, O. (2015). Aproximación a las creencias del profesorado camerunés de *ELE* sobre el método y enfoque de enseñanza/aprendizaje. En Y. Morimoto et al. (Eds.), *La enseñanza centrada en el alumno* (pp. 469-478). Asociación para la Enseñanza del Español como Lengua Extranjera.

Koffi, K. H. (2010). La didáctica de la competencia comunicativa oral en el aula de E/LE en Costa de Marfil: problemas y perspectivas (Tesis). Universidad de Granada. https://dialnet.unirioja.es/servlet/tesis?codigo=62649

Manga, A.-M. y García Parejo, I. (2007). Las prácticas educativas en las aulas de ELE en Camerún: Cómo acercar las necesidades comunicativas al contexto africano. En G. Nistal Rosique y G. Pié Jahn (Dirs.) *La situación actual del español en África: Actas del II Congreso Internacional de Hispanistas en África* (pp. 232-242). SIAL.

Martín Perís, E. (2008). La autoevaluación: nuevas consideraciones sobre un viejo tema. En: S, Pastor Cesteros y S. Roca Marín (Ed.), *La evaluación en el aprendizaje y la enseñanza del español como LE/ L2* (p. 27-44). Universidad de

Alicante. https://repositori.upf.edu/bitstream/handle/10230/24633/mperis_asele2007_eval.pdf;sequence=1

Martínez Agudo, J.-D. (2011). Perfil profesional idóneo del profesor de lengua extranjera: creencias del profesorado en formación. *Revista Latinoamericana de Estudios Educativos* 151(1-2), 103.124. Centro de Estudios Educativos.

Mata, F. S. (1997). *Dificultades en el aprendizaje de la expresión escrita. Una perspectiva didáctica*. Ediciones Aljibe.

Matthey, M. (1997). Contacts de langues et représentations. *TRANEL* (27). Université Neuchâtel. https://eric.ed.gov/?id=ED417585

Mbadinga Mbadinga, A-M. (2014). *Représentations et stratégies d'enseignement / apprentissage de l'espagnol en milieu exolingue: Le cas des débutants gabonais* (Tesis). Université Paris Ouest Nanterre La Défense.

Messakimove, S. (2009). Las creencias de los alumnos de la secundaria gabonesa acerca de su proceso de aprendizaje del español/LE. *MarcoELE, Revista de didáctica ELE* (9).

https://marcoele.com/las-creencias-de-los-alumnos-gaboneses-de-ele/

Messakimove, S. (2021). Análisis de interferencias léxicas y morfosintácticas de las producciones escritas de alumnos de bachillerato de E/LE. *South Florida Journal of Development* (v.2, n.2), pp. 3461-3474.

Ministère de l'Éducation Nationale et de l'Instruction Civique. (2009). *Séminaire de formation sur l'élaboration de l'épreuve écrite d'espagnol au baccalauréat.*

Ministère de l'Éducation Nationale. (2004). *Instructions y programmes des classes du premiers cycles réactualisés.*

Ministère de l'Éducation Nationale. (2011). *Note N° 002/MEN/IG/ISDG/DE du 19 de décembre de 2011 portant modification de la note N°53/05/MEN/IG/ISDG/DE portant recommandation pour l'élaboration des sujets et la correction de l'épreuve écrite d'espagnol au baccalauréat.*

Ngou-Mve, N. (2014). Situación de la enseñanza del español en Gabón. En J. Serrano Avilés (Ed.), *La enseñanza del español en África subsahariana* (pp. 233-262). Catara.

Ntsaga, E. (2016). *Interaction en classe d'espagnol: les productions verbales des enseignants/apprenants en classe de quatrième et terminale dans un lycée de Libreville, étude comparative* (Tesis doctoral). Université Paris Ouest Nanterre La Défense.

Obolo Omanda, J. (2010). *L'épreuve écrite d'espagnol au baccalauréat: Pour une redéfinition de l'épreuve* (Memoria). IUFM de l'Académie de Lyon.

Pastor Cesteros, S. (2003). La evaluación del proceso de aprendizaje de segundas lenguas. En M.-V. Reyzábal Rodríguez (Dir.), *Perspectivas teóricas y metodológicas: lengua de acogida, educación internacional y contextos inclusivos,* 503-514. Comunidad de Madrid, Consejería de Educación. http://segundaslenguaseinmigracion.com/ense_anzal2/EvaluacionPastor.pdf

Pastor Cesteros, S. (2004). *Aprendizaje de segundas lenguas. Lingüística aplicada a la enseñanza de idiomas*. Publicación de la Universidad de Alicante.

Pérez Juste, R. y García Ramos, J. M. (1989). *Diagnóstico, evaluación y toma de decisiones*. Ediciones Rialp.

Perrenoud, P. (2001). La formación de los docentes en el siglo XXI. *Revista de Tecnología Educativa,* 14(3), 503-523. http://www.unige.ch/fapse/SSE/teachers/perrenoud/php_main/php_2001/2001_36.html

Perrenoud, P. (2011). *Desarrollar la práctica reflexiva en el oficio de enseñar. Profesionalización y razón pedagógica*. (4ª reimpresión). Graó.

de Pietro, J.-F y muller, N. (1997). La construction de l'image de l'autre dans l'interaction. *Bulletin VALS-ASLA*, (65), 25-46.

Real Academia Española (2014). *Diccionario de la lengua española*.

Sanmartí Puig, N. (2020). *Evaluar y aprender: un único proceso*. Octaedro Editorial.

Suso López, J. y Fernández Fraile, M.-E. (2001): *La didáctica de la lengua extranjera. Fundamentos teóricos y análisis del currículum de Lengua Extranjera (Educación Primaria, ESO y Bachillerato)*. Comares.

Tallaferro, D. (2006). La formación para la práctica reflexiva en las prácticas profesionales docentes. *Educere* 10(33), 269-27. http://ve.scielo.org/scielo.php?script=sci_arttext&pid=S1316-49102006000200009

Torres Ferráez, L. P. (2012). *La evaluación del docente y del desempeño académico de los alumnos. Los estándares en la educación secundaria.* Editorial Académica Española.

Williams, M y Burden, R. (1999). *Psicología para profesores de idiomas. Enfoques del constructivismo social.* Edinumen.

ANEXOS

Anexo A. Prueba de entrenamiento de LNLM

Ministère de l'Education Nationale

Lycée National Léon MBA

Département d'espagnol

République Gabonaise

Union – Travail - Justice

BACCALAUREAT BLANC – SESSION D'AVRIL 2013

Série: A₁, A₂ & B (LV₁)
Durée: 3 heures

Me tocaba llegar lejos

Mi padre se instaló en Oviedo como empleado cualificado de **Renfe**[1], pero mi abuelo era analfabeto.

Y todavía en casa no había más que lo justo para comer y vestirse, pero a mi padre se le puso en la cabeza que a mí me tocaba llegar lejos. No es que fuera feminista, es que yo era la única hija y no
5   había otra opción, eso es lo que me llevó a la Universidad. En este país ha habido mucha gente así, empleadillos o gente de oficios diversos que han conseguido que sus hijos obtuvieran título universitario a costa de privaciones de todo tipo y sin esperar otra cosa que el triunfo del hijo; como una rendición interpuesta, digamos. Luego sucedía a menudo que el hijo se desclasaba y se avergonzaba de los padres, pero eso es la vida implacable. En fin, el arco que va de un abuelo
10 analfabeto a una nieta que buscaba licenciarse en Filosofía es como la historia del siglo en este país. Ahora mis hijas pertenecen a una burguesía culta, harán sus estudios universitarios sin mayor problema y no sé si pasarán a **engrosar**[2] las listas del paro o conseguirán un trabajo en seguida, pero si sucede lo primero, es probable que, mientras llega lo segundo, puedan dedicarse a viajar por el mundo y a conocer la vida. Qué abismos ¿no?

15 Mi madre, en cambio, me apoyaba por convicción; no necesitaba saber si lograría licenciarme; lo deseaba con todo corazón, simplemente por mí y por nada más. Es lo sucede con las almas sencillas: sólo quieren que te vaya bien y les da igual cómo, así que te apoyarán tanto si quieres ser conductora de taxi como cosmonauta, esposa y madre o agente de cambio y bolsa. Mi padre no, mi padre tenía ambiciones, no le bastaba cualquier cosa. De haber nacido hombre, no me
20 hubiera librado de hacer una carrera técnica, quiero decir: ingeniería industrial, Caminos...ya sabes, tener un hijo ingeniero. Para una mujer, en cambio, una licenciatura en Filosofía era un buen **expediente**[3]; yo creo que le parecía más apropiado que una licenciatura en Derecho. Podía ser profesora, y **Catedrática**[4] ahí estaban la posición social y nada de la lucha competitiva del día a día en la empresa privada, o en **un despacho de abogados**[5], que para una mujer le parecería
25 demasiado violento. Supongo que a la vista de como ha evolucionado la sociedad, quiero decir, aquí y también en todo el mundo, convertir a su hija en ingeniería de caminos o abogada combativa   le   habría   parecido   más   tentador   hoy   por   hoy.

José María Guelbenzu, *Un peso en el mundo*, 1999

Léxico:

1. Renfe: chemins de fer espagnols / 2.: engrosar: gonfler / 3.expediente : dossier

4. Catedrática : professeur d'université / 5. Un despacho de abogados : un bureau d'avocats

I- **COMPRENSION DEL TEXTO** : (5 puntos)

1.1. ¿Por qué para el padre de la narradora era importante que su hija llegara lejos? (1.5 punto)

1.2. A veces, ¿cómo se comportaban los hijos que recibían el apoyo de los padres? (1.5 punto)

1.3. Después de sus estudios universitarios, ¿qué alternativas pueden tener los hijos? (2 puntos)

II- **EXPRESION PERSONAL** : (7 puntos)

2.1. ¿Te parece bien que los padres elijan el futuro de sus hijos? Justifica tu respuesta.

2.2. ¿Piensas tú que las hijas sólo son buenas para los estudios literarios o jurídicos?

III- **COMPETENCIA LINGÜÍSTICA**: (8 puntos)

3. *Transformar*: (1.5 punto)

3.1. Pasa en imperfecto: "sólo quieren que te vaya bien y les da igual cómo" (1 punto)

3.2. Pon la frase en la tercera persona del singular: "...Me tocaba llegar lejos" (0.5 punto)

3.2. *Imitar*: emplea la estructura subrayada en frase personal respetando la lógica del texto (1.5 punto)

3.2.1. Y todavía en casa **no** había **más que** lo justo para comer y vestirse.

3.2.2. Mi madre, **en cambio**, me apoyaba por convicción

3.3. *Sustituir*: reemplaza la estructura subrayada por otra equivalente (1 punto)

3.3.1. Luego, sucedía **a menudo** que el hijo se desclasaba y se avergonzaba de los padres.

3.3.2. Es lo sucede con las almas sencillas: **sólo** quieren que te vaya bien

3.4. *Completa* la frase según la lógica del texto: (1.5 punto)

3.4.1. El padre de la narradora quiere que...

3.4.2. Si fuera la narradora...

3.5. *Traducir*: (2.5 puntos)

3.5.1. Pasa al francés: "Mi madre, en cambio, me apoyaba por convicción; no necesitaba saber si lograría licenciarme; lo deseaba con todo corazón, simplemente por mí y por nada más."

3.5.2. Traduce en español: Beaucoup de personnes pensent que les filles ne peuvent pas exercer les mêmes professions que les garçons.

Anexo B. Prueba de entrenamiento de LPIG

REPUBLIQUE GABONAISE	BAC BLANC 2013- ESPAGNOL
MINISTERE DE L'EDUCATION NATIONALE,	Séries: A2(LV2)
LYCEE PAUL INDJENDJET GONDJOUT	Durée: 3 heures
DEPARTEMENT D'ESPAGNOL	Coefficient: 3

El Papa Francisco convoca a los jóvenes para la JMJ de Río de Janeiro

El Papa Francisco dedicó gran parte de **su homilía**[1] del Domingo de Ramos a los jóvenes. No fue **por casualidad**[2]. Desde 1985 y por iniciativa de Juan Pablo II este día en el que se conmemora la entrada triunfal de Jesús en Jerusalén se celebra también la Jornada de la Juventud.
Durante la solemne eucaristía, el Santo Padre aprovechó la presencia de cientos de jóvenes en la
5   Plaza de San Pedro para confirmar que viajará a Río de Janeiro para participar en la XXVIII Jornada Mundial de la Juventud (JMJ), que se celebrará en esa ciudad brasileña del 23 al 28 de julio bajo el lema «Id y haced discípulos de todos los pueblos». «Queridos amigos, también yo me pongo en camino con vosotros. Ahora estamos ya cerca de la próxima etapa de esta gran **peregrinación**[3] de la cruz de Cristo. **Aguardo**[4] con alegría el próximo mes de julio, en Río de Janeiro. Os doy cita
10 en aquella gran ciudad de Brasil», afirmó el Papa, en presencia de los jóvenes que le aplaudían con una enorme ilusión. Con la JMJ a la vuelta de **la esquina**[5], el Papa quiso mostrarse especialmente **cariñoso**[6] y cercano frente a quienes tienen en sus manos el futuro de la Iglesia. «Vosotros tenéis una parte importante en la celebración de la fe. Nos traéis la alegría de la fe y nos decís que tenemos que vivir la fe con un corazón joven, siempre, incluso a los setenta, ochenta años. Con
15 Cristo el corazón nunca **envejece**[7]», les dijo. Durante la homilía, el Santo Padre incluso puso a los jóvenes como ejemplo de buenos **testigos**[8] de la fe. «Vosotros no **os avergonzáis**[9] de su cruz. Más aún, la abrazáis porque habéis comprendido que la verdadera alegría está en el don de sí mismo y que Dios ha triunfado sobre el mal precisamente con el amor. La lleváis para decir a todos que, en la cruz, Jesús **ha derribado**[10] el muro de la enemistad, que separa a los hombres y a los
20 pueblos, y ha traído la reconciliación y la paz», subrayó.
La Jornada Mundial de la Juventud se creó en 1984, cuando tras concluir el Año Jubilar de la Redención, el beato Juan Pablo II entregó una cruz de madera de cuatro metros de altura a los jóvenes invitándoles a llevarla por todo el mundo. Desde entonces se han celebrado en Roma (1985), Buenos Aires (1987), Santiago de Compostela (España) en 1989; Czestochowa (Polonia) en
25 1991. [...] La última fue en Madrid durante el verano de 2011 y a la que acudieron dos millones de jóvenes. Con aquella Jornada Mundial de la Juventud, España se convirtió, además en el país más visitado junto a Alemania, por Benedicto XVI y Madrid, en la capital mundial de los jóvenes. Durante los cuatro días que duró la fiesta, el Santo Padre habló directamente al corazón de los jóvenes invitándolos a no avergonzarse de su fe. Aquellos días, el Papa tuvo una palabra para cada
30 joven, para los profesores universitarios, las religiosas, los seminaristas, los enfermos, pero también para toda la sociedad. El Papa Francisco era perfectamente consciente ayer que una buena parte de sus invitados a la cita de Río de Janeiro esperaban una palabra suya en **las redes sociales**[11]. A través de su cuenta @Pontifex, el Santo Padre les dijo que espera con alegría el mes de julio para la JMJ. «Aguardo con alegría el próximo mes de julio, en Río de Janeiro. Os doy cita
35 en aquella gran ciudad de Brasil», escribió el Papa en su cuenta.
Con la próxima JMJ de Río de Janeiro, estos encuentros vuelven a celebrarse cada dos años, ya que las últimas citas se venían organizando cada tres años. En esta ocasión, se **adelantó**[12] la fecha debido a que en 2014 se celebrará en esta ciudad brasileña el Mundial de Fútbol y era mejor no hacer coincidir los dos eventos. Entre estos encuentros mundiales a los que siempre acude el
40 Santo Padre. Así desde hace nada menos que 28 años.

Lauras Daniele, *ABC* del 25 de marzo de 2013

Vocabulario:

1- **su homilía:** son homélie
2- **por casualidad:** por azar
3- **la peregrinación:** le pèlerinage
4- **aguardo:** verbo « aguardar » (esperar)
5- **la esquina:** le coin
6- **cariñoso:** afectuoso
7- **envejece:** verbo « envejecer » (vieillir)
8- **los testigos:** les témoins
9- **os avergonzáis:** verbo « avergonzarse » (avoir honte)
10- **ha derribado:** verbo «derribar » (renverser, démolir)
11- **las redes sociales:** les réseaux sociaux
12- **adelantó :** verbo « adelantar » (anticiper, devancer)

I- COMPRENSIÓN DEL TEXTO (5 ptos)

1.1- ¿Quién tuvo la iniciativa de la Jornada Mundial de la Juventud (JMJ)? (1 pto)
1.2- ¿Qué consecuencias tuvo la JMJ de 2011 para España? (1 pto)
1.3- ¿Cuándo y dónde tendrá lugar la futura JMJ? (2 ptos)
1.4- ¿Por qué prefiere la Iglesia adelantar esta JMJ? (1 pto)

II- EXPRESIÓN PERSONAL (6 ptos)

2.1- ¿Estás de acuerdo con el Papa cuando dice que « tenemos que vivir la fe con un corazón joven. Con Cristo el corazón nunca envejece »? (3 ptos)
2.2- ¿Piensas tú que se triunfa sobre el mal con el amor ? (3 ptos)

III- COMPETENCIA LINGÜÍSTICA (9 ptos)

3.1- Transformar (2 ptos)
3.1.1- Pasa al futuro: " Con la próxima JMJ...cada tres años." L.36-37 (1 pto)
3.1.2- Pon en singular la frase siguiente: "Entre estos encuentros...el Santo Padre" L.39-40 (1 pto)

3.2- Imitar (1 pto)
Reutiliza las expresiones subrayadas en frases personales respetando la lógica del texto:
3.2.1- "España se convirtió, además en el país más visitado". L.26-27 (0,5 pto)
3.2.2- " Así desde hace nada menos que 28 años.". L.40 (0,5 pto)

3.3- Sustituir (1 pto)
Reemplaza las estructuras subrayadas por otras equivalentes:
3.3.1- "... cercano frente a quienes tienen en sus manos el futuro de la Iglesia. ". L.12 (0,5 pto)
3.3.2- "tenemos que vivir la fe con un corazón joven " L.14 (0,5 pto)

3.4- Completar (2 ptos)
Completa las frases siguientes según la lógica del texto:
3.4.1- Si los jóvenes son buenos testigos, ... (1 pto)
3.4.2- El Papa convocó a los jovenes a fin de que... (1 pto)

3.5- Traducir (3 ptos)
3.5.1-Pasa al francés: «Durante los cuatro días...no avergonzarse de su fe» L.28-29 (1,5 pto)
3.5.2-Pasa al español: Il n'y a pas d'âge pour servir Dieu. On doit donc garder la foi ! (1,5 pto)

Anexo C. Prueba de entrenamiento de LPEE

MINISTERE DE L'EDUCATION NATIONALE
****
Lycée Paul EMANE EYEGUE (Oloumi)
****
BP 15.133 Libreville. Tel 72-20-19
E-mail: lpeeoloumi@yahoo.fr

REPUBLIQUE GABONAISE
Union – Travail – Justice

BACCALAUREAT BLANC SESSION D'AVRIL 2013
EPREUVE ECRITE D'ESPAGNOL
Séries A1, A2, B (LV1)

La impaciencia

La impaciencia no es algo nuevo. Siempre ha habido gente a la que le irrita esperar en un atasco[1], en una fila o en cualquier otro lugar. Pero algunos especialistas opinan que actualmente somos menos pacientes que antes.

Ciertos analistas le echan la culpa[2] a la tecnología. Algunos investigadores creen que "la tecnología digital – teléfonos móviles, cámaras, correo electrónico, iPods, etc. – está cambiando nuestras vidas". Hay quienes piensan que el correo electrónico está perdiendo popularidad y que podría tener los días contados. Porque muchos usuarios no soportan tener que esperar horas, ni siquiera minutos, a que les respondan.

Además, en este tipo de correo, como en las cartas, lo normal es incluir palabras de introducción y de despedida. Pero muchos opinan que estas formalidades son aburridas[3] y consumen demasiado tiempo; prefieren mensajes instantáneos, ajenos[4] al protocolo de los correos electrónicos. El ansia[5] de obtener resultados no es exclusiva del ámbito de la comunicación digital. Los pocos instantes que tarda el semáforo[6] en ponerse en verde o la computadora[7] en encenderse a veces se ven como una eternidad. Muchas personas no tienen paciencia para leer un texto impreso de cierta extensión. Están acostumbradas a navegar a gran velocidad por la red saltando de un título a otro y de un recuadro a otro con la esperanza de encontrar justo lo que buscan.

La impaciencia está relacionada con la frustración, la irritación, y hasta la ira. Estas emociones negativas aumentan el estrés y en consecuencia deterioran nuestra salud. Se señala a la impaciencia como un factor de riesgo de la hipertensión según un estudio reciente de la Asociación Médica Americana. Existen otros peligros para la salud asociados a la falta de paciencia; uno de ellos es la obesidad. "Los investigadores han descubierto que las personas ansiosas tienen más probabilidades de ser obesas que las que saben esperar", informó el periódico *The Washington Post*. En algunos lugares, la comida rápida es bastante barata y fácil de obtener, de modo que muchos consumidores impacientes no pueden resistir la tentación.

Según un estudio realizado por el Centro de Investigación de Políticas Económicas en Londres, la gente impaciente suele dejar siempre las cosas para más adelante. "La costumbre de demorar[8] las tareas reduce de forma significativa la productividad laboral y supone más gastos para la sociedad...", afirmó el profesor Ernesto Reuben en el diario británico *The Telegraph*. Las personas que se dejan llevar por la impaciencia suelen tomar decisiones rápidas sin meditarlas. "La impaciencia puede costarnos dinero, amistades, sufrimientos por la sencilla razón de que a menudo conduce a malas decisiones", concluyó el profesor Ponnuswami (India). Así pues, ser más paciente contribuye a gozar de mejor salud, tomar mejores decisiones y conservar las amistades.

¡Despertad!, diciembre de 2012, pp. 3-7.

Vocabulario:
[1] Un atasco: *un embouteillage.*
[2] Le echan la culpa: echarle la culpa: acusar.
[3] *Aburridas: ennuyeuses.*
[4] Ajenos: lejos de (*loin de…*)
[5] El ansia: *l'anxiété, l'angoisse.*
[6] El semáforo: *les feux de signalisation.*
[7] La computadora: el ordenador.
[8] Demorar: retrasar; *retarder.*

I – COMPRENSIÓN DEL TEXTO (5 puntos)
1.1. ¿A qué se debe la impaciencia de ciertas personas hoy en día? ¿Por qué? (2 ptos).
1.2. ¿Qué sentimientos experimentan los impacientes? ¿Cuáles serán las consecuencias? (2 ptos).
1.3. ¿Qué problemas económicos genera la impaciencia? (1 pto).

II – EXPRESIÓN PERSONAL (6 puntos)
2.1. ¿Piensas tú que la paciencia sea una virtud? Justifica tu respuesta. (3 ptos).
2.2. ¿Estás tú de acuerdo con el profesor indio cuando concluye que "la impaciencia puede costarnos dinero,… conduce a malas decisiones"? (L32–34). Justifica tu respuesta. (3 ptos).

III – CAPACIDAD LINGÜÍSTICA (9 puntos)
3.1. Transformar (3 ptos)
3.1.1. Pon en el pasado la frase siguiente: "Hay quienes piensan… a que le respondan." (L6–8) (1 pto).
3.1.2. Pasa al pretérito indefinido la frase siguiente: "La costumbre de demorar las tareas… más gastos para la sociedad." (L28–30) (2 ptos).

3.2. Imitar (1 pto)
Reutiliza las palabras subrayadas en una frase personal respetando el contexto:
3.2.1. "(…) lo normal es incluir palabras de introducción y de despedida." (L9–10) (0,5 pto).
3.2.2. "(…) la gente impaciente suele dejar siempre las cosas para más adelante." (L27–28) (0,5 pto).

3.3. Sustituir (1 pto)
Remplaza las estructuras subrayadas por otras de mismo sentido:
3.3.1. "Están acostumbradas a navegar a gran velocidad…" (L15–17) (0,5 pto).
3.3.2. "Hay quienes piensan que el correo electrónico está perdiendo popularidad…" (L6–7) (0,5 pto).

3.4. Completar (1 pto)
Completa las frases siguientes sin alterar el sentido:
3.4.1. Hace falta ser realista para… (0,5 pto).
3.4.2. Muchas oportunidades nos escapan por… (0,5 pto).

3.5. Traducir (3 ptos)
3.5.1. Pasa al francés: "El ansia de obtener resultados… como una eternidad." (L12–14) (2 ptos).
3.5.2. Pasa al español: Pour simplifier sa vie, il faut toujours prendre les choses avec beaucoup de calme et de patience. (1 pto).

¡ SUERTE !

Anexo D. Prueba de entrenamiento de IIC

INSTITUTION IMMACULEE CONCEPTION

Bp : 2172

Libreville

Bac Blanc : 2013
Series : A1.B (LVI)
Durée : 3h
Coef: 3

El 30 Aniversario del Golpe de la Libertad en Guinea Ecuatorial

El acto más importante programado para conmemorar el 30 Aniversario del Golpe de la Libertad ha consistido en una manifestación pública encabezada por el propio Presidente. Se ha dirigido a la población para ofrecer un largo discurso con una gran protagonista, la paz: "Todos tenemos que contribuir con armonía y solidaridad a nuestra convivencia[1], y
5 cuando digo esto, sobre todo me refiero a los servidores públicos. La mala actitud de una autoridad viola la paz, un juez que dicta una mala sentencia, viola la paz; un funcionario que no atiende a los administradores de forma correcta, viola la paz; un funcionario que se apodera[2] de recursos públicos, que no son suyos, viola la paz." Rememorando la fecha del 3 de Agosto de 1979, el Presidente subrayó que "todos los ciudadanos tienen el deber y la
10 obligación de defender la paz".

Teodoro Obiang recordó a sus seguidores que la situación de crecimiento económico que vive el país está firmemente vinculado[3] a la estabilidad de la nación "si queremos el desarrollo del que disfrutamos[4] actualmente, tenemos que defender nuestra situación de la paz. Con la paz hemos podido transformar nuestra sociedad legal, en la que se permite la
15 convivencia de todos. En Guinea Ecuatorial estamos desarrollando una democracia que ha evolucionado a nuestra manera, que no es el fruto de una copia. Nosotros llamamos a nuestro proyecto el ensayo[5] democrático. Lo que significa el aprendizaje, el estudio. Pero podemos decir que desde que empezamos hay armonía en nuestro país y podemos vivir en paz."

20 Obiang Nguema también insistió en la necesidad de seguir realizando cambios para conseguir el desarrollo completo. "En Guinea Ecuatorial la mentalidad todavía está por detrás del desarrollo que hemos conseguido, pero tenemos la obligación de cambiar nuestras mentes y adaptarlas a los nuevos tiempos. Los países del África subsahariana se califican como países pobres, pero en Guinea tenemos la oportunidad de salir de ese grupo.
25 Para ello tenemos que trabajar duro. Aquellas personas que no tienen recursos económicos no deben acomodarse en la idea de que el gobierno se los va a proporcionar: deben de trabajar para conseguirlos. Por ejemplo, ahora mismo en ciudades como Evinayong, hay muchas empresas que necesitan gente para trabajar, así es que tenemos que estar preparados para adaptarnos a lo que necesitan. Pero también las empresas deben aceptar
30 la mano de obra profesional que es de la propia nación, y ofrecerles un buen trabajo y las mismas condiciones que a otras personas que traen de fuera". El Presidente recordó que en la actualidad muchos inmigrantes de todo el mundo llegan a Guinea Ecuatorial para trabajar y que era necesario que los guineanos aprendiesen de todas estas personas. "Debemos trabajar para formarnos a fin de que cuando todas estas personas que vienen de otros
35 países regresen a sus casas, hayamos aprendido a trabajar como ellos. Esto es lo que propiciará[6] la consolidación económica de Guinea".

Discurso de S.E, el jefe del estado OBIANG NGUEMA Mbasogo, 03 de 08 de 2009

Vocabulario: 1. Convivencia: vivir juntos; 2. se apodera: s'accapare; 3. vinculado: relacionado; 4. Disfrutamos: aprovechamos; 5. El ensayo: l'essai; 6. propiciará: rendra propice

I. COMPRENSION DEL TEXTO (5 puntos)

1. ¿Qué problema evoca el texto?

2. Según el presidente ¿qué tienen que hacer todos los guineanos para consolidar la paz?

3. En Evinayong, ¿qué necesitan las empresas para trabajar? Y ¿qué condiciones deben aceptar dichas empresas?

II. EXPRESION PERSONAL (6 puntos)

1. ¿Comenta esta afirmación del presidente: *"Aquellas personas que no tienen recursos...........se los va a proporcionar deben de trabajar para conseguirlos"* (L 25.26)

2. ¿Qué soluciones propondrías par resolver el fenómeno del laxismo en la función pública?

III. COMPETENCIA LINGÜÍSTICA (9 puntos)

1. Transformar:
   a. Pasa al estilo indirecto empezando por: el presidente declaró que:"Todos.....servidores públicos" (L4.5)
   b. Pon en pretérito indefinido:"pero podemos decir........paz" (L17.19)

2. Imitar: reutiliza las estructuras subrayadas en una frase personal según la lógica del texto
   a. **Deben de** trabajar para conseguirles (L27)
   b. Para formarnos **a fin de que** cuando todas estas personas (L34)

3. Sustituir: por un equivalente las estructuras subrayadas.
   a. En Guinea Ecuatorial la mentalidad **todavía**. (L21)
   b. No **deben** acomodarse en la idea (L26)

4. Completar las siguientes frases según la lógica del texto
   a. Sería menester que la población ecuatoguineana...........
   b. Si quisiéramos el desarrollo..................

5. Traducir:

a. Pasa al francés "Debemos trabajar para formarnos a fin de que......económica de Guinea". (L33.36)

b. Pasa al español: Même si les entreprises appartiennent aux étrangers, elles doivent travailler avec la main-d'œuvre professionnelle locale

Anexo E. La PEE en la convocatoria 2019

RÉPUBLIQUE GABONAISE
DIRECTION DU BACCALAURÉAT

2013-ESPAGNOL
Séries : **A1-B- A2 (LV1)**
Durée : 3 heures
Coef. : 3 (A1-B) 4 (A2)

¿POR QUÉ NECESITAMOS ENTENDER DE CIENCIA?

Vivimos en un mundo que resultaría incomprensible sin la ciencia y la tecnología. Según el autor de este estudio, Carl Sagan, la ignorancia de los conceptos científicos básicos es una amenaza para la seguridad, el bienestar y las instituciones de la sociedad humana. Nuestra sociedad es dependiente de la ciencia y la tecnología, pero curiosamente, son muchos los que no saben casi nada sobre ciencia y tecnología. Clara receta para dirigirnos directamente al desastre. Es peligroso para una mayoría continuar ignorando el calentamiento general de la tierra, por ejemplo, así como la existencia del agujero de ozono[1], de los desechos tóxicos y radiactivos, de la contaminación de la tierra y los mares por las empresas petroleras, etc.

La Fundación Nacional para la ciencia prevé para el año 2010 un déficit de casi un 1.000.000 de científicos e ingenieros. ¿De dónde saldrán? ¿Qué hay de temas como el aborto, las reducciones masivas de armas estratégicas, la dependencia a las drogas, la seguridad en el tráfico aéreo y los aeropuertos, los derechos de los animales, el descubrimiento de remedios para el SIDA y el cáncer? ¿Cómo pueden los dirigentes decidir las políticas nacionales, si no entienden las cuestiones fundamentales?

Sé que la ciencia y la tecnología no son cornucopias[2], derramando[3] únicamente beneficios sobre el mundo. En efecto, la ciencia no sólo ha beneficiado a la humanidad sino que también ha concebido armas terriblemente mortíferas. Nuestra tecnología ha producido industrias tan peligrosas, que pueden destruir la climatología del planeta. Son razones suficientes para que la gente no se sienta tranquila ante la ciencia y la tecnología. La imagen del científico loco o perverso, que trabajaría secretamente para la destrucción del planeta, anda todavía vagando[4] por el mundo. Pero, a pesar de ello, no hay marcha atrás posible. No podemos llegar a la conclusión de que la ciencia pone demasiado poder en manos de tecnólogos moralmente débiles o corruptos o en las de políticos con delirios de grandeza[5]...y decidir de librarnos[6] de ellos. Porque los avances en medicina y agricultura han salvado más vidas que las que se han perdido en todas las guerras de la historia. Los progresos en transporte y comunicaciones han transformado el mundo, y los esfuerzos de la ciencia para mejorar continuamente la suerte del hombre luchando obstinadamente contra la enfermedad y el sufrimiento es digno de alabanza[7]. Pero la ciencia es una espada de doble filo[8]. Su inmenso poder nos obliga por eso a todos – incluyendo a los políticos- a adoptar una nueva responsabilidad (que consiste en prestar mayor atención a las consecuencias a largo plazo de la tecnología). Los errores resultarían demasiados caros.

La ciencia es mucho más que un cuerpo de conocimientos. Es una manera de pensar. Esto es básico para su éxito. Ella nos invita a admitir los hechos, aún cuando éstos no están de acuerdo con nuestras ideas. Nos presenta varias alternativas y la libertad de considerar la alternativa que puede beneficiar a la humanidad. El científico puede elegir entre el aventurismo destructor y el examen rigurosamente escéptico de todo, tanto de las innovaciones como de los conocimientos ya establecidos. Necesitamos la difusión de esta forma de pensar, funciona. Nuestra intención no es precisamente formar más científicos, sino profundizar la comprensión pública de la ciencia.

Artículos compilados, sacados de "Muy interesante", n°103, diciembre de 1989, **por Carl Sagan,** *y de "El Gran Atlas de la filosofía",* *Ed. Atlas, 2006.*

VOCABULARIO

1-**Agujero de ozono**: trou dans la couche
2-**Cornucopia**: corne d'abondance (symbole de prospérité)
3-**Derraman do** (derramar) : déverser
4-**Anda vagando por** : rôde à travers
5-**Delirios de grandeza**: atteint de la follie des grandeurs, de mégalomanie
6-**Librarnos** (librarse de) : nous débarrasser
7-**Alabanza** : éloges
8-**Espada de doble filo**: couteau à deux tranchants

I-COMPRENSIÓN DEL TEXTO (5ptos)

1. Según Carl Sagan ¿qué representa para la sociedad la ignorancia de los conceptos científicos básicos? (1,5pto)
2. ¿En qué la ciencia y la tecnología constituyen una paradoja para la sociedad? (2ptos)
3. ¿Cuál es la actitud que debe adoptar el científico ante las diferentes alternativas que presenta la ciencia? (1,5pto)

II-EXPRESIÓN PERSONAL (6ptos)

1. ¿Estás de acuerdo con el articulista cuando nos da a entender que a pesar de los riesgos de destrucción del planeta que puede causar la ciencia, "no hay marcha atrás posible"? L. 22 Justifica tu respuesta. (3 ptos)
2. ¿Piensas- tú que podemos seguir creyendo en la victoria de la ciencia respecto a una enfermedad como el SIDA? Justifica tu parecer. (3ptos)

III-COMPETENCIA LINGÜÍSTICA (9ptos)

1. Transformar (2ptos)
1. Pon la frase siguiente en el singular: "Son razones suficientes..."L. 19-20 (0,25+0,5+0,25)
2. Pon la frase siguiente en el futuro: "Ella nos invita a admitir...nuestras ideas" L.33-34 (1pto)

2. Imitar (1pto)
Reutiliza las estructuras subrayadas en frases personales respetando la lógica del texto
1. "En efecto, la ciencia no sólo ha beneficiado...sino que también ha concebido..."L. 16-17 (0, 5pto)
2. "...tanto de las innovaciones como de los conocimientos..." L. 36-37 (0, 5pto)

3. Sustituir (1pto)
1. "...son muchos los que no saben nada..." L. 4-5 (0, 5pto)
2. "Pero, a pesar de ello, no hay..." L. 21 (0, 5pto)

4. Completar (2ptos)
Completa las frases siguientes según la lógica del texto
1. Para evitar dirigirnos al desastre, hace falta que... (1pto)
2. Si no prestáramos atención a las consecuencias de la tecnología... (1pto)

5. Traducir (3ptos)
1. Pasa al francés (2ptos)
"Nuestra intención no es...comprensión pública de la ciencia"L.38-39
2. Pasa al español (1pto)
Protégeons la planète de la destruction.

Anexo F. La PEE en la convocatoria 2019

Ministère de l'Education Nationale
Direction Générale des Examens et Concours

République Gabonaise
Union-Travail-Justice

BACCALAUREAT DU SECOND DEGRE GENERAL
SESSION 2019

EPREUVE D'ESPAGNOL LV1

Durée: 3 heures

Séries : A1-B
Coefficient: 3
Série : A2
Coefficient: 4

¿Qué es el cambio climático y cómo nos afecta?

Se llama cambio climático a la variación global del clima de la tierra. Es debido a causas naturales y también a la acción del hombre y se producen a muy **diversas escalas**[1] de tiempo y sobre todos los parámetros climáticos: temperatura, precipitaciones, **nubosidad**[2], etc. El término "**efecto de invernadero**"[3] es la retención del calor del sol en la atmósfera de la tierra por parte de una capa de gases en la atmósfera. Sin ellos la vida tal como la conocemos no sería posible, ya que el planeta sería demasiado frío. Entre estos gases se encuentran el dióxido de carbono, el **óxido nitroso**[4] y el metano, que son liberados por la industria, la agricultura y la combustión de **combustibles fósiles**[5]. El mundo industrializado ha conseguido que la concentración de estos gases haya aumentado un 30% desde el siglo pasado, cuando, sin la actuación humana, la naturaleza se encargaba de equilibrar las emisiones.

En la actualidad existe un **consenso**[6] científico, casi generalizado, en torno a la idea de que nuestro modo de producción y consumo energético está generando una alteración climática global, que provocará, a su vez, serios impactos tanto sobre la tierra como sobre los sistemas socioeconómicos.

El cambio climático nos afecta a todos. El impacto potencial es enorme, con predicciones de falta de agua potable, grandes cambios en las condiciones para la producción de alimentos y un aumento en los índices de mortalidad debido a inundaciones, **tormentas**[7], **sequías**[8] y **olas de calor**[9]. En definitiva, el cambio climático no es un fenómeno sólo ambiental sino de profundas consecuencias económicas y sociales. Los países más pobres, que están peor preparados para enfrentar cambios rápidos, serán los que sufrirán las peores consecuencias.

Se predice la extinción de animales y plantas, ya que los **hábitats**[10] cambiarán tan rápido que muchas especies no se podrán adaptar a tiempo. La Organización Mundial de la Salud ha advertido que la salud de millones de personas podría verse amenazada por el aumento de la malaria, la desnutrición y las enfermedades transmitidas por el agua.

En consecuencia, aunque existen incertidumbres que no permiten cuantificar con la suficiente precisión los cambios del clima previstos, la información validada hasta ahora es suficiente para tomar medidas de forma inmediata, de acuerdo al denominado "principio de precaución" al que hace referencia el Artículo 3 de la Convención Marco Cambio Climático. La inercia, los retrasos y la irreversibilidad del sistema climático son factores muy importantes a tener en cuenta y, cuanto más se tarde en tomar esas medidas, los efectos del **incremento**[11] de las concentraciones de los gases de efecto invernadero serán menos reversibles.

ALEX FERNANDEZ MUERZA, *Ministerio para la Transición Ecológica del Gobierno Español del 12 de julio de 2018.*

VOCABULARIO

1. Diversas escalas: des échelles
2. Nubosidad: couverture nuageuse
3. "Efecto de invernadero": effet de serre
4. El óxido nitroso: l'oxide nitrite
5. Combustibles fósiles: des combustibles fossiles
6. Un consenso: un consensus
7. Tormentas: des orages
8. Sequías: des sécheresses
9. Olas de calor: des vagues de chaleur
10. Los hábitats: les habitats
11. Del incremento: de l'accroissement

I- COMPRENSIÓN DEL TEXTO (8puntos)

1.1 Presenta el texto (1pto)

1.2. ¿Qué es el cambio climático? (1pto)

1.3. Destaca al menos cuatro (4) detalles en el artículo que indican que el cambio climático puede tener consecuencias irreversibles sobre el medio ambiente. (2ptos)

1.4. ¿Cuál es la intención del articulista al escribir este artículo? (2ptos)

1.5 Traducir (2ptos)

Pasa la siguiente frase al francés:

" La Organización Mundial de la Salud ... las enfermedades transmitidas por el agua" L.24-26

II- EXPRESIÓN PERSONAL (6puntos)

2.1 ¿Estás de acuerdo con el articulista cuando dice:" Los países más pobres, que están peor preparados para enfrentar cambios rápidos, serán los que sufrirán las peores consecuencias "? L20-22 Justifica tu respuesta en unas diez líneas. (3ptos)

2.2 Redacta a tu amigo una carta de diez líneas en las que subrayas la necesidad de preservar el planeta, luego dale consejos útiles para eso. (3ptos)

III- COMPETENCIA LINGÜÍSTICA (6puntos)

3.1. Transformar (1pto)

Pon la siguiente frase en el pasado

" El mundo industrializado ha conseguido que la concentración de estos gases haya aumentado un 50% " L.8-9

3.2. Sustituir (1pto)

Reemplaza las estructuras subrayadas por otra equivalente

3.2.1. " ...serán <u>los que</u> sufrirán... " L.21

3.2.2. " ... son factores <u>muy importantes</u>... " L.31-32

3.3. Imitar (1pto)

Reutiliza la estructura subrayada en una frase personal

... " serios impactos <u>tanto</u> sobre la tierra <u>como</u> sobre los sistemas socioeconómicos " L.14-15

3.4. Completar (1pto)

Completa libremente la siguiente frase

Si no se reduce nuestro modo de producción y consumo energético...

3.5. Traducir (2ptos)

Pasa al español la siguiente frase

Pour préserver la planète, chaque individu doit adopter un comportement responsable.

www.ingramcontent.com/pod-product-compliance
Lightning Source LLC
Chambersburg PA
CBHW041627220426
43663CB00001B/32